柴門ふみ
Fumi Saimon

バカボンのママはなぜ美人なのか

嫉妬の正体

ポプラ新書
002

バカボンのママはなぜ美人なのか／目次

第2章　女の嫉妬

第3章　男の嫉妬

第4章　嫉妬の炎をスッと消す方法

はじめに――嫉妬という感情について

バカボンのママは、なぜ美人なのに周りから祝福されるのか

あなたは誰かに嫉妬したことがありますか？

その人のことが羨ましくて、妬《ねた》ましくて、疎《うと》ましくて、自分でも嫌になるほどのドロドロした感情を抱いてどうしようもなくなったことはありませんか。

「まったくない」という人は、おそらくいないと思います。程度の差こそあれ、どんな人でも、一度は誰かに嫉妬した経験があるはずです。

人は、自分が思っているよりも、ずっと弱くて傷つきやすい生き物ですから、どうしたって周りのことが気になります。自分よりも美しい人、自分よりも優秀な人、自分よりもお金持ち、自分よりも高い地位や名声を得ている人。

そういった自分と比べて優れた何か、恵まれた何かを持っていると見える人を妬ましく思う場合もあれば、自分が恋い焦がれた相手に愛された誰かを狂おしいほど嫉《ねた》んでしまうこともある。

いずれにしても、自分には持っていない何かを持っている人に、私たちは、ときにひどく嫉妬してしまうようです。とはいっても、世の中には、自分より優れた人々はごまんといますよね。

たとえばオリンピックの大会をテレビで見ていたとします。そこには同じ人間とは思えないような技を見せたり、記録を打ち出したりする人々が続々と登場します。私はそれを見てすごいなあ……とは思いますが、妬ましいとは思いません。浅田真央ちゃんがみごとなトリプルアクセルを成功させても、吉田沙保里さんが不倒の連勝記録を打ち立てても、素晴らしいなぁと思い、心の中で喝采を贈りこそすれ、嫉妬の感情を覚えるなどということはまずありません。それは、なぜでしょうか。

私の例えをとりますと、ひとつには、彼女たちと私の生きているフィールドがまるで異なるということがあると思います。漫画家として、また家庭を守る主婦として日々を送っている私と、トップアスリートの彼女たちとでは接点がまるでない。自分にはない、優れた身体能力を持っている彼女たちではあるのだけれども、その生活の場も、目標としているところも、あまりにかけ離れすぎているために、比べる次元にないのです。

私はもともとスポーツが得意ではないため、「もっとできるようになりたい」とか、「もっとうまくなりたかった」という気持ちが全くありません。とにかくこの「自分に引っかかる要素がない」場合、人は、あまり自分と他人を比べることをせずに済むのですね。

もうひとつには、彼女たちがあそこまでの選手になるためには、長い年月、毎日、毎日、並大抵ではない凄まじい努力をしたであろうことが、素人目にも想像できます。

もちろん天賦の才能というものもあるでしょう。でも、それだけで簡単にオリンピックのメダルが狙えるようにはなれないことも、私たちは知っています。「それ相応の努力をした結果なのだから、当然」。決して「棚ボタで降ってきた幸運」ではない。そうした暗黙の了解が、私たちに尊敬や憧憬の念を抱かせこそすれ、嫉妬という感情は起こさせずにいるのです。

自分とは関係のないフィールドで起こっていること、何も自分に引っかかる要素がないこと、そして、相手がその「幸福」や「栄光」を享受するための努力を知っていること。この条件がそろっていれば、ほとんどの場合において嫉妬の念は起きない。

となると、逆にいえば、何か自分に引っかかる要素、重なることがありながら、自分にないものを持っている。そして幸福である（少なくとも、そう見える）。しかも、その幸福を苦労せずに掴んでいる。こうした条件がそろった相手に、私たちは強い嫉妬心を抱くのだと思います。

この嫉妬について考えるとき、私はよく「バカボンのママ」を思い浮かべるのです。故赤塚不二夫先生の名作『天才バカボン』。皆さん、よくご存じですよね。

私は子どものとき、なぜ「バカボンのママ」が美人なのかが不思議でした。あんな「パパ」に、どうしてあれほど美人で聡明でしかも優しそうな女性が奥さんとなったのか。そして、そんな「ママ」を誰も嫉妬しない。

非の打ちどころのない美人でありながらも嫉妬されない女性、そこに〝嫉妬〟を読みとくカギがあると思ったのです。

私もこれまでの人生で数々の嫉妬を経験してきましたし、友人たちのいろいろな嫉妬を見聞きして、それを作品の中に織り込んできたりもしました。恋愛に限らずどのテーマであっても嫉妬という感情は、作品を描く上で最も重要なアイテムです。

そんな経験から、今一度嫉妬について考えてみたいと思います。私もまだ模索している途上、確固とした答えに行きついたわけでありませんが、私なりの考えを話してみたいと思います。

「バカボンのママ」が、なぜ嫉妬されないのか、そしてその解析を元に、私が考えた、どうすれば嫉妬の苦しみから逃げ出して生きていけるかを、最後にお話しします。

第1章

嫉妬が今の私を作った

まずは嫉妬を認めよう

最近、「草食系」という言葉が浸透して、恋愛も人間関係も、昔よりはずっと「薄い」感じになっている……といわれています。でも、本当にそうでしょうか。人間の欲望まで本当に薄くなっているのでしょうか。

私はそんなふうには思っていません。人が人を愛したり、憎んだり、妬んだり、恨んだり、喜んだり、悲しんだり、傷ついたり……。そういう感情はどんなに時代が移っても、そうそう薄まったり、変化したりするものではない。人が人と暮らしている限り、感情のぶつかり合いは必ず生まれます。

それにもかかわらず、薄くなったと感じられるのだとしたら、それは、私たちの感情の表れ方、外から見たときの見え方が変わってきているということなのでしょう。

現代のようにコミュニケーションの手段が発達すると、昔ほどは人と接したり、ぶつかったりしなくて済むようになります。表面上波風立てずに、失敗もせず、キレイに人づき合いをしようと思えば、比較的容易にできる。けれども、それは決して欲望そのものが薄くなったからではないのです。

それはただ、欲望に蓋をして見て見ぬふりをしているだけ。自分の中に巣食うドロドロした感情や欲望という、醜い面を見つめることを恐れて、自分にはあたかもそんな感情がないように思い込もうとしているだけなのではないでしょうか。

嫉妬は、あらゆる感情の中でも、とりわけ激しい感情です。取り扱いを間違えると、自分が一番不幸になってしまいます。見て見ぬ振りをしたり、押し殺したり、あるいは剥きだしで誰かにぶつけて取り返しのつかない事態になる前に、ほどよい「つき合い方」を身につけたほうが、きっと人生、少しは楽に、幸せに生きられるようになると思うのです。

まずは、自分の中にある嫉妬の感情をまっすぐに見つめて「自分は嫉妬しているのだ」と認めること。そこから始まるのだと思います。

とはいえ、私もそんなエラそうなことはいえません。私自身がどんな嫉妬に苦しめられてきたのか。地獄のような苦しみの中で、その嫉妬心とどう向き合ってきたのか、そこからお話をさせてください。

私が長い間、漫画家として作品を描き続けられたのは、若い頃に感じたすさまじい嫉妬心がエネルギー源となっています。まがりなりにも自分の道を切り開いてこられたのは、あの強い感情のお蔭です。

そして、今「いい大人」となっている多くの人たちの嫉妬もまた、実は人格形成が始まる幼少期に、その根っこがあるように思えてならないのです。

恥ずかしながらも私の体験をまずはお話しすることで、もしかしたら、「わかるわかる」と共感し、嫉妬ってそもそも何だっけ？　と考え直すヒントにしてほしいと考えています。

激しい感情を持て余した少女時代

自分が、生まれて初めて嫉妬という感情を覚えた日のことを、今でもはっきり覚えています。それは小学校低学年の頃、母に連れられて病院へ行ったときのことでした。

待合室で順番を待っているときに、母が泣いているよその赤ちゃんを抱っこしたのです。それを見て、とても腹立たしくなり、私は怒って待合室を飛び出しました。自分だけを見つめてくれているはずの母が、ほかの子どもを抱き上げた。自分以外に母の関心が向けられてしまった。そのことが、たまらなく悔しかったのです。あれはまさしく「嫉妬」でした。

今振り返れば、それだけで待合室を飛び出すなんて、かなり感情的な振る舞いに思えますが、私はそんなふうに何かにつけて激しく感情を爆発させる子どもだったのです。

やはり、小学校の低学年の頃のことです。父がスキーに連れていってくれると言ったことがありました。私は徳島の生まれですから、スキーなんてめったに行くことができません。どこへ連れて行ってくれるんだろう？　雪の上を滑るってどんな感じなんだろう？　その日が近づいてくるにつれ、胸の中の期待はどんどん膨らみ、スキー以外のことは考えられなくなりました。スキーに連れていってもらえる！　スキー！　スキー！　スキー！

ところが直前になって、父の仕事の都合で「行けなくなった」と告げられてしまったのです。期待がものすごく大きかっただけに、このときの私のショックといったらありませんでした。押し入れにこもるや、数時間にわたって大号泣。泣いても泣いても気持ちが収まらず、涙も止まりませんでした。

家族でトランプをして負けたりしようものなら、それだけでもまた号泣。かといって、家族がわざと負けたりすると、さらにプライドを傷つけられてもっとヒートアップする。姉にはこうしたところはなかったので、おそらくこの性格は私が持って生まれたものだと思いますが、とにかく家族も常にハラハラしながら見守っていたようなところがありました。

後に大人になってから、父と夫と一緒に麻雀をしていたときのことです。私が負け始めると、そばで見ていた母がハラハラし出したのです。「準ちゃん（私の本名です）が負けると癇癪起こす！」と（笑）。すでに結婚もした娘に対してまだこんなことで心配になってしまうほど、母の中には、幼い頃の私の激しさが印象づけられていたのでしょう。

私の場合は、特に爆発のし方が激しかったですが、この、家族を相手に繰り広げられた幼いときの「私を愛して」言動こそが、嫉妬の原点ではないかと私は思うのです。

きょうだいの誰よりも「母親の愛情を独占したい」という強い思い、「私のことをもっと見て」「私のことを一番に考えて」「私が一番幸せじゃなきゃいや」。その思いが叶えられることもあれば、叶えられないこともある。叶えられないと知ったときに初めて人は、嫉妬という感情を覚えるのではないでしょうか。

子どもは正直ですから、ほしいものはほしい。ですから感情をぶつけます。ほしいのに、ほしくないふりをして涼しげな顔で過ごす……などということはできません。その思いをストレートに対象に向けることもあれば、別の方法で解消する場合もある。いずれにしても、この感情をおざなりにはしない。しかし、これは実は非常に大事なことなのです。

私も成長とともに、こうした自分の負けず嫌いで激しい性格に嫌気がさしてきました。とはいえ、家族の前で泣き叫ぶと、日頃抑えていた感情を発散できて気持ちがいいのは確かなのです。

だから私なりの方法で、やり場のない感情を発散する術を身に着けていったのです。


小学生時代は、もっぱら自宅の裏庭に卵の殻を並べて、金づちで一個ずつ叩き割っていきました。何かどうしようもなく腹が立ったり、悔しかったり、思いどおりに事が運ばなかったりすると、あふれ出てくる感情を卵の殻にすべてぶつける。そうすると膨れ上がった気持ちが収まったのです。

中学に上がると、もう少し激しい方法に変わって、電話帳を引き破いたり、壊れていいものを投げつけたり、他愛もないといえば他愛もないのですが、ちょっとひいてしまうといえばひいてしまいそうな方法で、持て余した自分の激しさをやり過ごしていました。

ただ、救いだったと思うのは、どんなときも頭の中のどこかに、そんな激しい自分自身を冷静に見つめている自分がいたということです。完全に我を忘れているわけではない。誰かが大切にしている本を引き破くのでもなければ、高いお皿を投げつけるわけでもない。きちんと計算して、破けてもいいもの、壊れてしまっても大して問題になりそうもないものを選んでぶつけていました。

それほどまでに激しい気性のわりには、常に頭の片隅で「私は今こうやって発散しているんだ」と冷静に見ている自分もいたのです。感情を押し殺してはいけないけれども、感情に振り回されてはもっといけないということです。

嫉妬はしてもいい。醜い自分を肯定していい。そして、その感情を露わにしてもいい。ただし、完全に我を失ったり、誰かを決定的に傷つけてはいけない。当時はそう意識していたわけではありませんが、これは案外、嫉妬を考えるときの核であったのかもしれません。

「横並び時代」の終了

そんなふうに激しい気性の子どもではありましたが、たとえば、ほかの誰かに向けて「妬ましい」と思ったことがあるかというと、少なくとも小学生時代はありませんでした。というより、妬む必要がなかった、といったほうが正しいかもしれません。というのも、小学生の私は、物質的にはかなり恵まれた環境にあって、常に満たされていたからだと思います。

徳島の実家は経済的にゆとりがありました。もちろん田舎ですから大したものではありませんが、幼い頃の私は、洋服はいっぱい持っていましたし、玩具もたくさんありました。ほしいものは何でも買い与えられていたのです。「○○ちゃんが持っているから、あれがほしい」といって駄々をこねることもありませんでしたし、「あそこの家の子が羨ましくて仕方ない」というふうに思ったこともありませんでした。

「もの」だけではなく、容姿や能力についても、小学生時代までは、誰かに嫉妬を覚えることはありませんでした。小学生というのはそうですよね？　玩具を持っている持っていないで嫉妬することはあっても、友達の成績や外見と自分を引き比べて、ものすごく嫉妬するということは、あまりないものです。

今はわかりませんが、少なくとも私の頃は、クラスで可愛い子がいたら、「あの子可愛い！」といって、女の子もみんなその子を好きになる。スポーツができる子には「スポーツができていいなぁ」と、純粋に憧れの念を抱く。「みんな、友達だよね」で終わっていました。いうなれば「横並びの時代」だったのです。

それが、なぜ中学校に入った頃から変わってきてしまうのか。それは、「横並び状態」が、あっという間にガラガラと崩れてくるからです。その要因のひとつは、全体の中の自分のポジションを、さまざまな場面で否応なくはっきりと突きつけられるようになること。そして、もうひとつ、これは重要ですが、「恋愛」です。日々の生活に、「恋愛」というファクターが、かなりの幅をきかせて居座ってくるのです。

思春期というのは残酷なことですが、自分が集団の中でどの位置にあるかという現実を思い知らされていくプロセスでもあります。

つまり、何かにつけて周りとの「比較」が始まるのです。しかも、上位を巡っての生存競争は、かなりの激しい様相を呈してきます。

「A子ちゃんと比べて鼻が低い」「B子ちゃんより脚が太い」「C子ちゃんに数学の成績で勝てない」などなど。もう、何から何まで「比較」です。成長に伴う変化が大きいということもあるでしょうが、人との「差」を自意識過剰なまでに思い詰めてしまうのが、この時期なのです。そして、この「比較」こそが、嫉妬の大きな栄養素になってゆくというわけです。

多くの人はどこかしらに自信が持てなかったり、コンプレックスを抱いたりしますが、この思春期の時期に体験したことが、後々の嫉妬の遠因になっていくのです。

自分の嫉妬の本質をきちんと見つめようと思ったら、振り返るべきはこの時期かもしれません。

一番手から転落の屈辱

では、私の場合、その「横並びの時代」の終了がどうやって訪れたのか、そのことを少しお話ししたいと思います。

小学校時代は、特に勉強など何もしなくても、クラスの女子の中では一番か、一番は無理でも二番手・三番手にはなれていました。一番はもちろん負けず嫌いの私には嬉しい立ち位置ですが、二番手、三番手のポジションも決して悪くはなく、私はけっこう気に入っていました。ある程度上位グループには入れるし、かといって、一番のように矢面に立たされることはなく、嫌な役目を押しつけられることもない。非常に幸せな小学生時代を送れていたのです。

これが中学校に入った途端に、あれよあれよという間に足場が崩れていってしまいました。私が通っていたのは徳島大学附属小学校で、卒業すると自動的に、その上の附属中学校に進むことになります。そんな「横並び」でのほほんとしているところへ、外部の公立小学校から優秀な人たちが大勢入ってきたのです。いきなり外の血をウワッと入れられてしまったというわけです。優秀な人だけではなく、きれいな子、あらゆる意味で、今までのクラスにはいなかったレベルの高い子がやってきてしまったのです。

それまでの凪《なぎ》の海が嵐になって、みんなの価値観も一斉にガラッと変わる。

そして、新たなスターが生まれてくる。こうして、いつも上位だったはずの私のポジションは、どんどん下がっていってしまいました。

「なんで私がこんなに下がっていくんだろう?」

「私の価値がどんどん下がっていく!」

これまでが一番手、二番手だっただけに、これはさすがに焦りました。

中学校に入ると部活動が本格化しますが、まずここでスターが生まれる。スポーツの苦手な私は美術部に入部したのですが、全く注目をされません。

最近でこそ、やれ書道部だ吹奏楽部だと、文化系の部活動も大人気で堂々と市民権を得ていますが、昔は文化系なんて、歯牙《しが》にもかけられませんでした。それだけで「あ、地味ね」という反応しかされない。そこから学校のスターになるなんて望むべくもない。

こうなるともうダメです。「スクールカースト」などという言葉が最近取り上げられていますが、昔はそういう名前がついていなかっただけの話で、同じような階級は、私たちの時代にも存在しました。そして、小学校のときトップのところにいた私は、カーストをどんどん下って、真ん中あたりをウロウロする結果になったのです。

上位にいた人間が、人よりも優位に立っていると信じて疑わなかった人間が突然転落したときのショック、屈辱感には、相当つらいものがあります。「こんなはずじゃない」と、なかなか認められません。当然、嫉妬の憤怒が抑えられなくなる人もいるでしょう。プライドの高い人ほど難しいはずです。

しかしまずこれを認めなくてはならないのです。この事実をどう受け止めるか、あるいはどう受け止めてきたかで、その後の展開には大きな差が出てきます。

嫉妬を逆恨みにまでこじれさせてしまうか、あるいは、現状打破のバネにするか――。嫉妬は受け止め方次第で、正にも負にも傾くものなのです。

少女漫画の世界が嘘だと気づいた日

それまでの私は、とにかくすべてに努力する「頑張り屋の準ちゃん」でした。また、こうした努力はいつか報われるものだと信じて疑っていませんでした。

小学校の頃から、愛読していた少女マンガでは、心が美しく努力している子は、必ず素敵な王子様と結ばれることになっていたからです。

あまり可愛くなくても、努力さえすれば王子様は見つけ出してくれる。そして、その心の美しさを愛してくれる。現実もそういうものだと、ずっと疑うことなく信じて生きていました。

ところが、カーストを落ちてみると、現実にはそんなことはない。心なんかいくら美しくったって王子様は来ない。そのことに、幸か不幸か、私は早くも中学生の時点で気づいてしまったのでした。

そうかといって美人ばかりがモテるかといえば、そうとも限らないんですね。これはかなりのショックでした。美人でスポーツができて……という子がモテるのなら、まだ受け止められる。ところが、別に美人でもないし、大して成績もよくないのにモテるタイプが登場してくるのです。

つまり、それは「色気」で仕掛けてくるタイプ。名づけて「色気軍団」です。これには納得がいきませんでした。

そういう女子のモテ方の特徴として、クラスの男子が一人でも「あの子が可愛い」というと、クラス全員の男子が「可愛い」と言い始めて、可愛いことになってしまう。これがさらに納得がいかない展開でした。まあ、これは思春期の男子にありがちな不思議な傾向なのですが、なぜか誰か一人の価値観がぶち上げられると、残りは付和雷同になってしまうんですね。

いまだに同窓会で女子が集まると、「なんで、あんなに可愛くない子がモテたの?」と話題に上るくらい、それは腑に落ちないことでした。

かつてのおニャン子クラブの新田恵利さんがそのタイプだと思うんです。私はかつて『なんで女は新田恵利が嫌いなのか』というエッセイにも書いたことがありました。もちろん私はすでに大人で、私自身はアイドルの新田さんに嫉妬心などまるでありませんでした。

同じおニャン子でも、河合その子さんは美少女だと誰の目にも明らかでしたし、工藤静香さんは歌がうまいでしょう。みんな特徴があって、その魅力というものがあった。ところが新田恵利さんは、超美人だとは思えないし、歌も上手いとはいえないのに男性ファンは多かった。エッセイにはこう書きました。

「女には、中学時代に、さして可愛くもない女子がモテた嫌な記憶がある。新田恵利さんを見ると、フラッシュバック的にその子を思い出すから嫌なんだ。新田さん自身にはお気の毒だ。なぜなら、彼女自身には何の非もないことなのだから」と。

モテる理由が明確に分かればまだいいのです。でも、何が理由かわからないというのは、努力すれば報われると信じていた私にはつらい。当時ガリ勉だった私は、人格を全否定されたも同然でした。

私はその子に激しい嫉妬を抱きましたが、同時に冷静にそうした自分を見つめる冷めた部分もありました。

ものすごい嫉妬心が湧き上がってくるけれども、理性的に「こんなに醜い嫉妬心を表に出してはいけない」とブレーキをかける自分がいるわけです。こんな女ごときに、と苦しいせめぎ合いをしていました。

我を忘れて嫉妬に燃える人のほうが、楽といえば楽かもしれません。相手に対してストレートにぶつけることで、少なくとも燃焼はできる。けれども、冷静なもう一人の自分というものをしっかり持ってしまった場合には、内に秘めるしかなくなる。中学生にして、早くも私はこうした感情と向き合わざるを得なくなったのです。

恋を知って嫉妬を知る

私が本格的に嫉妬を覚えたのは、中学のときに初めて恋をしてからです。相手は同級生。ギターを弾いて長髪で、ちょっと反体制的な、まさに当時の流行りのタイプ。

既に学生運動は終わっていましたが、それでもまだ、少し反社会的なところがある人がかっこいいと見られていたようなときです。吉田拓郎などのフォークソングが全盛で、彼はそうしたトレンドの先端、みんなの中心にいるような人でした。

当時は、やはりああいうスタイルが一番の流行だったのでしょう。私は小学生の頃から、クラス替えがあるたびに、「あ、この子が一番人気が出るだろうな」という嗅覚を持っていました。初対面の彼にもそれを感じたのです。

私の予想通り、彼はモテモテでしょっちゅう彼女が変わる。私はそんな彼にガーッと熱を上げて一直線になったものですから、とにかく彼とつき合う女子全員に激しく嫉妬しました。

この頃から私の嫉妬は恋愛一本に絞られたといっても過言ではありません。ほかのことではまったく嫉妬をしなくなりました。嫉妬のすべては彼の恋愛についてです。

彼は最初にクラスで一番可愛い子を好きになりました。次は色気のある可愛い子、そして中学3年の頃は、気の合う女の子を彼女にしたのです。私はどのジャンルにも選ばれなかった。それが最大につらいことであり、私は何をやってもダメなのだと、すっかり自信も喪失してしまいました。

彼にはまってしまい、ほかの男の子には全然魅力を感じませんでした。彼以外の男の子に、ちょっとプレゼントをもらったり、告白めいたことをされたこともなくはなかったのですが、そんなことは私にとって何の意味もなかったのです。彼以外の人に告白されたところで、自信になんかならないのです。

人によって違うとは思いますが、私の場合は、今に至るまでこの傾向があります。つまり、世間で言うところの価値の高いもの、みんなが憧れているもの、一般的にほしいとされているもの、いくらそれらが希少価値が高かろうが、人気があろうが、自分のほしいものでなければ、まったく興味がない。逆に言えば、世間から全然価値を認められなくても、自分がほしいものは、激しく求めてしまう。それさえ得られれば満足なのです。このときの私にとってそれは、愛する彼から愛されることでした。

私がこれだけ望んでいるのに、しかも、たったこれだけのことなのに、まったく手に入らない。それなのに、一方で、大した努力もせずに彼から愛される子もいる。それが苦しくて、もがいたり、あがいたり。中学時代はただただ、彼の思いが何とかこちらに向いてほしいと、それだけを願った日々でした。

嫉妬が道を開いた

恋愛という新たなジャンルに一歩足を踏み入れた途端に、私の人生には「嫉妬」の二文字が居座るようになってしまいました。

中学時代は「異性への性欲」がすさまじい勢いで芽生えてくるので、不安定になってしまうんです。私もいろいろな意味で不安定でした。あれは精神にも来るし、脳にも来るような気がします。

特に激情型の私は感情的になり収拾がつかなくなってしまうのです。この苦しさを埋めるためには、誰にも気持ちを乱されない、人里離れた中国の山奥に行って、心静かに暮らそう。当時はそんなことを本気で考えていました。

彼とはもともと気が合って、中1のときは友達だったのが、中2、中3と気まずくなって口も利かなくなっていく。普通の友達としてつき合えばいいのに、一人自意識過剰で不器用な中学生の私は、そんなこともできない。友達はみな、私がその子のことを好きだというのを知っていたので、人伝《ひとづて》に「あいつ、お前のこと好きみたいだぜ」と、彼にまで伝わってしまいました。そうしたら「あいつはブスだからダメ」と彼が言ったという噂が、ご丁寧に返ってきたのです。

これには相当傷つきました。が、なんと高校1年のときに、最後の勇気を振り絞って彼に直接告白しに行ったのです。バレンタインか誕生日だったと思います。プレゼントを持って渡しに行くと「ありがとう」といって受け取ってくれました。

「ひょっとして、このままうまくゆくかも……」と、その好感触に喜んでいたら、私のほかにも何人かプレゼントを渡していて、結局、その中の一人とつき合ったということがわかった。現実なんて、そんなものだということを痛いほど知らされた瞬間でした。

振られたからといって、彼のことを諦められたわけではありません。彼を好きだという気持ちは断てないし抑えられない。

その頃、私が神様に願ったことはただひとつ。

「彼を好きだという気持ちを消してくれるなら、何でもします！」

そのくらい、どうやっても彼を嫌いになれない自分の気持ちが苦しかったのです。でも、今振り返ってみれば、この苦しみが、私が恋愛漫画を描く原点にもなりました。

漫画は好きで、小学校高学年の頃からラブコメ、冒険活劇、ギャグ……どんなジャンルも見よう見まねで描き始めていました。

でも、自分が恋をして振られたことで、結局、どんなに心がきれいでも、努力をしても愛は報われないことを知ってしまった。

それからはラブコメが描けなくなってしまいました。現実の恋はこんなにうまくいかない。少女漫画に描かれているように、男の子にプレゼントを贈ったり、一所懸命尽くしたりしても、あっさり裏切られて、泣きわめきたいぐらいつらい。

「ラブコメなんて嘘じゃないの。だから、ドジでダメな女の子が、心がきれいというだけで恋が成就する漫画ばかりではいけない。恋の真実を、私は漫画で伝えたい」

自分の経験から、私はそう誓ったのでした。

彼への断てない思いを好きな漫画を描くエネルギーに替えていきました。そして、とにかく現実を忘れられることをしたかったので、ひたすら数学の問題を解いたり、生物の図をただノートに写したり、世界史の年表を書き写したりと、無心になれることを積極的にやってみました。すると成績は上がるし一石二鳥だったのです。

徳島県は私が高校受験する年から、総合選抜制という学区制が敷かれました。それまで成績順に進学するところが私の年から抽選になった。そうしたら当時一番大学進学率の低い徳島市立高校に決まってしまったのです。

市立高校といえば、スケバンと番長がいる、まさしくつっぱりハイスクールロックンロールみたいなところだと思っていたのですが、実際その通りでした。女生徒はズルズルのスカートをひきずって、タバコを吸って薄化粧で、高校生のくせに同棲してるといった感じです。先生も、そういう生徒たちに慣れきっていました。

「これで流されたらダメだ！　自分でちゃんと勉強して大学に入らなきゃ」と思った私は一念発起。そこからはさらにものすごい勢いで勉強したのです。

当時県下一の進学率を誇っていた高校に進学できた同級生にすごく嫉妬しました。ここから抜け出さなければという気持ちにさせてくれたのです。

あの失恋と、総合選抜制がなければ、私はきっとのほほんと徳島でそのまま過ごして、地元で結婚して子どもを産んで育てて、漫画家にもなっていなかったでしょう。

誰かにあるものが私にはない。ほしくてたまらないものが、どうやっても私の手には入らない。嫉妬をすると痛いほどそれが分かります。

「ないものはないのだ」と徹底的に自分に理解させる。本当につらいことですが、ここから始まるのです。

狭い町なので、町中の人が私の片思いを知っていました。当時としてはCランクの市立高校に通っていることも知られてました。

15〜16歳の頃、私は毎晩ベッドで号泣していました。いつか、泣かないで眠れる日が来るのかしら。徳島を出てゆけば、きっと何かが変わるはず。何が何でも徳島を出るのだという強い思いが、私を受験勉強に向かわせたのでした。

急に媚びろといわれても

大学合格と同時に徳島から上京しても、彼のことは相変わらず大好きでした。風の便りで彼女ができたと聞くと、どんな顔なんだろう、どんな女なんだろうと、メラメラ嫉妬心を燃やしていました。

しかしその一方で、東京の暮らしにも慣れて、初めてボーイフレンドができたのです。東京をあちこちデートするのが楽しかったです。ただ、当時の心境は微妙でした。『女ともだち』という漫画で「どうして彼と別れたの？」と聞かれた子がこう答えます。

「彼と結婚して、ウェディングドレスを着て、彼が新郎のところにいるのを想像しても、全然嬉しくなかった」

当時の私はまさにそういう状態でした。運命の人にはまだ出会っていないと思っていました。

その頃、大学に「媚び子」というあだ名の女がいました。九州から上京した彼女は、実家は貧しく社宅住まいで、

「だから私は、東京で金持ちの男を捕まえる！」というのが口癖でした。

ものすごく上昇志向の強い子で、自分でテニスサークルを作り、女子は自分の通う女子大学の可愛い子だけで、男は東大生か慶應の医学部の学生のみ。みごとに男の前ではコロッと態度を変え、狙いを定めては落とそうとする。

20代というのは、往々にして男性の前と女性の前で態度をころっと変えるも

ので、こちらをイライラさせます。さらにそれが見抜けない男にイライラして、苦しい嫉妬につながっていったりする。女子は彼女の本性を嫌というほど知っているので、みな嫌う。

幼い頃から、器量のいい子の可愛らしさというのは、常に許されるのです。でも、器量の悪い子の可愛らしさは「かわいこぶってる」「ブスのくせに何かわいこぶってんだ気持ち悪い」と切り捨てられる。

このときに器量の悪い子は「ああ、媚びちゃいけない」と学んで、ずっと我慢して育つ。それが、20歳前後になって、男性に媚びる女子こそがモテる現実に直面する。

しかし、それまで甘えることを極力我慢してきたのに、急に方向転換なんかできっこありません。

「え、甘えていいの？」と戸惑っているのに、もう一方では生まれつき器量が良くてこれまでさんざん媚び慣れてきた子がいて、彼女たちはますますモテ続けていく。

これを見たとき、我慢してきた怒りが一気に頂点に達するのです。

「私だって甘えたかったわよ！　甘えて許されて、可愛がられたかったわよ！」と。

20代前半女子のブリッコに対する歯痒さ、嫉妬の中には、こうした思いが詰まっているのです。

「悪い男」には見えなかった夫との出会い

大学3年生頃、漫画研究会の部長になった私は『ばるぼら』という同人誌を、文化祭や今でいうコミケの走りみたいなところで、何百冊も売るようになっていました。

夫・弘兼憲史に出会ったのもこの頃です。彼はある日、電車で隣になった学生が『ばるぼら』を読んでいるのを見たそうです。

同人誌には責任者として部長である私の名前と住所が記載されていました。アシスタントを探していた夫は私に連絡をしてきたのです。個人情報の管理がゆるい時代でした。

駅前で会うことになったのですが、顔がわからない。あちらは、『ビッグコミック』のナマズのマークが入った袋を持っていると聞いて、私はてっきり小学館の人がスカウトに来てくれたのだと思い込みました。

駅前にひげを生やした人がその袋を持って立っていました。

喫茶店に入り、夫が同人誌をめくりながら「あ、トーン削ってるね」と言うので、「あ、漫画詳しいんですね」と言うと、

「僕はまだ駆け出しなんですが賞を獲って、『ビッグコミック』に作品が載ったりしているんですよ」

「『ビッグコミック』なら毎号読んでいるから、その作品も読んでいると思う。何ていう作品ですか？」

ところが作品名を聞いても分からない。

「ああ、やっぱりあなたの作品だけ読んでないなぁ」と、思わず漏らしてしまったその正直さが逆に印象を良くしたようで、

「よかったらアシスタントにならない？」と誘われました。私は「行きます！」と即答しました。

もう今から36年前のできごとですが、そこから弘兼プロダクションに入って、彼のアシスタントとしての新しい生活が始まったのです。

当時はまだ相手が「先生」でしたから、恋愛感情はありませんでした。10歳年上の夫や、出入りする出版社の人たちと接することにより、視野を広げることができました。年輩の男性が、一所懸命頑張る田舎娘が好きなことも知りました。やっと私の立つ場所が見つかったのです。

自分の立つ場所が変わるだけで、モテはやされる天然の女や、それを追いかけ続ける同世代の男たちへの納得いかないモヤモヤした嫉妬心が、いつの間にか私の中から消えていたのです。

初めて嫉妬を「される」側に

大学4年の5月に、講談社の編集者から『ヤングマガジン』創刊のために、声をかけられました。同人作家の作品を人気投票で選び、デビューさせるというのです。

私の描いた『クモ男ふんばる！』が新人王になり、プロデビューすることが決まったのです。

当時、同人誌仲間には、私より絵のうまい人が何人もいましたが、いつの間にか辞めていってしまった。

私が1年生のときに漫研の部長だった人も絵がうまくて、プロを目指して出版社に持ち込みもしていました。初心者の私にいろいろ教えてくれたりもしてくれたのですが、私がプロになったら音信不通になってしまいます。

もしかしたら、嫉妬をされたのかな……と思った瞬間でした。私はそれまで嫉妬をする一方で、されたことがなかったので、それは戸惑いました。

田舎では女が勉強できても嫉妬はされません。国立に行くと「ガリ勉だ」とむしろ馬鹿にされますが、妬まれることはない。

嫉妬されるほうは鈍感なのだということに、初めて気づきました。だから嫉妬するほうは余計に苦しい。無意識で涼しい顔をされると、嫉妬の持って行き場がない、ということを知ったのです。

大学を卒業するときにアシスタントを辞めました。私の作品が雑誌に掲載されプロになったということで「お互い対等だから」と弘兼にいわれたためでした。

彼は当時31歳でしたが、今思うと年齢よりも大人でした。1年後結婚して、結婚と同時に『ヤングマガジン』での連載が始まったのです。私は23歳でした。

身体が震えるほどの嫉妬

学生のときは、女性は一様に恋愛が最重要課題であったのが、大学を卒業する辺りから、一人ひとり生きる環境が大きく違ってきてしまいます。

人生の中で優先することの順位も変わってくる。就職するのかしないのか、就職しても数年腰かけで適齢期で結婚するのか、それともずっと働き続けるのか。

私の時代は男女雇用機会均等法施行以前だったため、ほとんどが専業主婦を選ばざるを得なかったのです。それに結婚するにしても、恋愛なのかお見合いなのか、さらには、子どもを持つか持たないか、とにかく20代後半から30代にかけて、女性は、迷い、選び、することの連続なのです。揺れることが多い。それだけに、「これで生きていくんだ」というような安心感、手ごたえがほしいのです。

人によって、それはエリートと結婚して寿退社することかもしれない。早く子どもを産んでお母さんになることかもしれない。キャリアをバリバリ築くことかもしれない。でも、どうやっても譲れないのは、「幸せ」であることです。ほかの誰かを妬まなくても済むような、ほしいものがきちんと手に入る、そんな幸せがほしいのです。

私はずっと「お母さん」に憧れていて、結婚したらすぐに家庭に入ろうと思っていました。しかし新人王を獲ったことで、漫画を描くことに欲が出てきたのです。日本中の人が知っているような作品を一作描く。それまでは漫画家を続けようと決心しました。

その頃一番嫉妬したのは、講談社とか小学館の漫画賞を獲った人です。1年目で最終選考には残ったのですが、結局獲れなくて、ものすごく悔しかった。1年目だから当たり前といえば、当たり前なのですが、オリジナリティもざん新さも感じられない受賞作に対して「なんでこの作品が獲るの⁉」と、納得いきませんでした。

漫画家になって、身体が震えるぐらい嫉妬したのは、あのときが初めてです。昔のように卵は割ったりしませんでしたが、「いつか必ずほしい。漫画賞を獲れば一人前になれる」と、言い聞かせて働きました。

結婚と仕事の両立は思った以上に大変でした。とにかく睡眠時間を削って、お風呂と食事以外はずーっと漫画を描いていました。

朝10時に寝て17時に起きる、といった生活が、子どもが生まれるまではずっと続きました。

締切2日前は徹夜で、アシスタントは泊まり込み。みんなで雑魚寝をしていました。当時は、自宅新居のマンションの一室を私の仕事部屋にしていましたから、別に仕事部屋を構えていた夫には「帰ってくるな」と言って、働いていました。

夫も追い込みのときは3日くらい戻らないこともあったのですが、あるとき編集者に「弘兼さん、新婚なんだから、帰ってあげないと奥さん可哀想ですよ」といわれたらしく、驚いたみたいです。

漫画家になったからには一人前になりたい。一人前と認められたい。そのためには漫画賞がほしい。身体が震えるほどの嫉妬をバネに、そうした昼夜逆転の生活を必死で続けていきました。

そして、1983年、26歳のときに、念願だった講談社漫画賞を獲ることができたのでした。ひとつ、目標を達成したことで、自分の足場が築けたかなと思いました。

なぜ、それほどまでに頑張れたかというと、やはり私の場合は、突き詰めていけば、思春期に味わった片思いの苦しさや、彼をめぐって胸をかきむしらんばかりに抱いた嫉妬です。あのときの嫉妬がエネルギーを生んだのだといえます。

絶対に私のことを誰も知らないところで私を生きてみよう、そして、王子様が迎えにきてくれるなんていう嘘ではなく、共感してもらえる真実を描いていこう。

その強い意志が無我夢中で頑張る力を与えてくれましたし、本当に描きたい作品を描く力になったのだと思うのです。

嫉妬は簡単に自分の足も引っ張ろうとします。でも上手にコントロールして扱っていけば、思わぬところで活かせるものなのです。

上手にコントロールすれば、嫉妬は味方になる

第2章　女の嫉妬

女は一生幸せくらべ

女性は無意識のうちに、常に誰かと自分の幸せくらべをしてしまいがちです。これは女性の生き方が、男性に比べるとより多様に分かれていくということに理由があるのかもしれません。

男性は、大学にしろ、高校にしろ、教育を終えたら就職して仕事して、大体そのまま進む。よほどのイクメンなどでもない限り、社会的な生活が、私生活の変化によって影響を受けて変わることはあまりない。社会的な生活は、30になっても40になっても50になっても、同じように続いていきます。

それに対して女性は、学校を出た後は就職、結婚、出産、子育て……と生き方のステージがどんどん変化していきます。そして、その都度、大きな岐路に立って道を選びながら進んでいかざるを得ない。男性が大体同じバスに乗って似たような道を進んでいけるのに対して、女性は自分の歩く道の地図は、誰にも頼らず、誰の真似もせずに自分で描いていくしかないのです。ですから、学校を出た後は、どんなに仲のいい友達であっても、それまでのように同じコースを共に歩くことはできない。それだけに、隣の人とのちょっとした違いが、どうしても気になってしまうのです。

そして厄介なことにこれはずっと続きます。20代も、30代も、40代も続いてゆく。ステージによって比べる材料や関心事は異なってきますが、女性はいくつになっても、自分がせめて人並みに幸せでないと安心できないものなのです。そして自分より幸せな人を見ると、嫉妬の気持ちがかき立てられてしまう。

自分が持っていない幸せを、自分と同等、もしくは自分よりも少し「下」に思える人間が手に入れたとき、嫉妬は生まれます。とりわけ「うまいこと」手に入れた相手には一層、激しさを増します。

女性の場合、その「ほしいもの」は年齢によって、暮らし方の変化によってどんどん変わっていきますが、それぞれの「持ち物」を数えて、幸せくらべをするという行為は続いていくのです。

特に社会に出て30代までは、自分とほんの少しの「差」が気になってしまうものです。少しでも多くの＋αを望んでしまうために。

たとえば結婚にしても、20代前半でする場合は、会社の有望株を捕まえて結婚……ということだけで充分自慢できるし、自分も幸せを感じることができる。でも年齢が進むにつれて、何か＋αが必要です。ただ「婚期がこんなに遅れたのね」という目で見られたくはない。「待っただけの甲斐があったね」とみんなにいわせたい。

そんな＋αを求めてしまう。子どもを早く産んで若いお母さんになったという＋α、逆に子どもを遅く産んだ人は、「経済的ゆとりのある中でゆったり育てられるのよ」という＋αをアピールしたいのかもしれません。

＋αがないと安心できない人は、結局ライバルが落ちぶれたときにしか自分の不安が解消できず、また他人の失墜を望んでしまうと、最後は自分がつらくなることも事実。

＋αを人との比較ではなく、自分のものとして積んでいければいいのですが、現実はなかなかそうも行きません。女はやはり一生幸せくらべをしていく生きものなのでしょう。

この章では、女性たちが何に嫉妬するのか、やはり私自身の経験や、友人知人の話を基に考えてみたいと思います。

女の嫉妬・容姿

先日会った30歳くらいの女性が、いきなりこう切り出したのです。

「私、世の中の人がみんな私の手を見ているような、そんな強い恐怖に襲われるときがあるんです」

そう言われて彼女の手を見ると、ややぽっちゃりしているかな、という感じ。温かそうで、私から見れば非常に素敵な女性らしい手です。

彼女自身も、とってもチャーミングな人なので、何をそれほど気にするのかわからないのですが、本人にすれば、この手が最大のコンプレックスであるらしいのです。白魚のようなもっとスッと細い指に憧れるらしく、とりわけその短いところが非常に気になるといいます。

おそらく彼女は街を歩いていても、電車に乗っていても、常に人の指を見てしまうのでしょう。そして、彼女の理想の指を見つけては「あんなふうに生まれたかった」と思い、嫉妬を覚えるのかもしれません。

容姿は、女性の場合、やはり嫉妬の大きな対象です。何よりもまず顔。顔そのものの大きい、小さい、目がパッチリしているか細いか、二重瞼か一重瞼か、アゴがしゅっときれいに尖っているか、それとも丸くて二重顎気味か。

また、顔でなくてスタイルという場合もあるでしょう。胸が大きい小さい、ウエストがきゅっとくびれているいない、脚が長いそれほどでもない、いわゆるボンッ、キュッ、ボンッの女性らしいスタイルか、スラーっと伸びた中性的なスタイルか。

それぞれ人によってこだわりどころは違うでしょうが、いずれにしても、自分がそのパーツを気に入っていない場合、自分のないものを持っている人のことがどうしても気になります。

そしてこれが妬ましくて妬ましくて、どうしようもない場合だってある。そういう人が思い切って整形手術などに挑むのかもしれませんが、それも果たして思い描いたとおりにうまく行くかどうか、一種、賭けのようなところもあるので、誰もがパッと飛びつくわけにもいきません。

私も若い頃は、二重瞼に憧れました。今だったら「アイプチ」などで、一時的に二重にすることもできるのでしょうが、私が中高生の頃は、まだこういった商品はありませんでした。ただ、瞼の上をマッサージしていると二重になってくるよ、というまことしやかな説を聞いて、一所懸命マッサージをしたものです。でも、そのお陰なのかどうなのか、大学生の頃には奥二重になって、今では片方は完全に二重になりました。こういうこともあるのかな、と思いますが、若い頃は、そのことは大問題でした。

女はいくつになっても美しくありたいと思うものなので、他人から見て大したことのないようなことも、やはり気になります。自分がコンプレックスに思うパーツについて、理想のフォルムを持つ人がいれば、その人に対して憧れや嫉妬を抱く。あるいは多くの人を「ああ、美しいね」と納得させ、何もいわせなくするような圧倒的な美に対しての嫉妬もあります。

とにかく自分が求めているけれども得られない美しさに対しては、苦い敗北感とともにメラメラと嫉妬が湧いてくるものなのです。

私が嫉妬する美人は、バランスが整っているだけでなく目鼻立ちが個性的でチャーミングな人。たとえるならば、女優の水原希子さんや、ブリジッド・バルドーのような顔です。あんな顔立ちの人が、芸能人ではない素人にもたまにいて、そういう人を見かけると、やはり嫉妬します。

それは、もう理屈を超えた嫉妬です。生物としての差を見せつけられた原初的な嫉妬なのです。

そういう人が無造作におしゃれしていて、自分の魅力をことさらに強調するようなところのない場合は、女性は彼女を許します。

しかし、美人であるというだけで恩恵を手に入れようとしている女性には、怒りを抱きます。

たとえば、目鼻立ちが完璧だと思っても、少し顔の輪郭が広がっていたり、服がダサかったりして、美人なわりにあまり恩恵を受けていない人もいます。こういう人たちに対して女性はあまり嫉妬しません。

ところが、お葬式など目立つべき場所ではない場面で、美人である上にさらにその美人を強調して乗り込んでくる女もいるのです。こういう女に対しては怒りに近い嫉妬を覚えます。

美人ならばもっと引き算をして、皆が一列に並ぶ場所におとなしく収まればいいのです。もともと美人なのだから、それだけだって充分に目立ちます。それなのに、なぜ巻き髪をしてミニスカートに高いヒールで乗り込んでくる必要があるのでしょう。

彼女がどんな恩恵を受けようとたくらんでいるのか、その下心が見えたとき、周りの男なりがそのことに全然気づかずにちやほやと恩恵を与えてしまっているとき、また違う種類の嫉妬が芽生えます。

美人には、憧れの気持ちをもって嫉妬される美人と、嫉妬心を無用に買い、嫌われる美人の二種類があります。

後者には「男を惹きつけよう」という魂胆《こんたん》が見てとれる。「自分はこれで男を惹きつけて、特権を与えられているのよ。持っていないあなたたちとは違うのよ」、そんな態度を、女は敏感に嗅ぎとり、嫌います。


しかし困ったことには、こういう女にコロッとひっかかる男が多いのも事実です。

女性から好感を持たれている女性は、女優さんにしても芸能人じゃない人にしても、整った造作を持っていればいる人ほど、そこから引き算してます。

わざと女性を強調しない服を着るとか、江角マキコさんや、小泉今日子さんのように自分の個性に徹するとか。自分の美貌で得をしようという感じではない、そのさりげない雰囲気が好意を持って受け止められるのです。

こういう女性に対して、女たちは「憧れの嫉妬」をします。その嫉妬は決してネガティブなものではないはずです。自分が容姿で誰かに嫉妬を覚えたら、どちらの嫉妬なのかをまず考えたほうがいいでしょう。ちなみに、スタイルでいうと、私は高橋尚子さんのような、マラソン選手のまったく脂肪のない、筋肉のついた体が好きです。やはり、そこには真似できない圧倒的な美しさがあると思うからです。

「育ち」に対する女の嫉妬

容姿と同じくらい先天的に得るのが難しいものとして、「育ち」があります。これはもうどこに生まれ落ちてしまうかによって、はっきりと道が分かれてしまうので、成長の過程で努力して手に入れるということはできません。

それだけに、ほしいと望んでいる人にとっては、妬ましいアイテムのひとつになるのだと思います。しかし、改めて考えると「育ち」とは何でしょうか。

子どもの頃は、美人のお母さんと社会的地位のあるお父さんのもと、素敵なおうちに住んでいる子どもは確かに嫉妬の対象になりました。

なぜなのだかわからないのですが、お母さんが美人というだけで、子どもにとっては羨ましくなってしまうんです。

そういうお宅に遊びに行くと、出てくるお菓子が我が家とは違ったりして、そうするともう、子どもの嫉妬心は簡単に膨らんでしまうものでした。

羨ましいものがお菓子だった時代は微笑ましいものですが、大人になると、その背景や受け継がれたものが羨ましくなってきます。代々続く伝統的な家柄である、東京の山の手に一軒家があって、学校は幼稚園から大学まで一貫した私立、そして習い事はバレエとピアノ……などとなると、何だか後からいくら頑張っても追いつかない気がしてしまうものです。

こういうお家は経済力も並大抵ではありませんから、ここに育った子どもは、本人が何の苦労もしなくても、ほしいものには不自由しない。たとえ結婚した後でも、親が充分すぎるほどの援助をしてくれて、家も家財道具も孫の教育資金まで、何もかもお膳立てしてくれる。きっと人生の節目節目でいい目を見て、苦労せずに歩いていくのだろう、そう思うと、ぎりぎりのお給料で毎日真面目に働きながら貯金もできずにいる多くの若い人にとっては、何だかやりきれない気がしてしまうのも事実。

あるいは、何か芸事や政治の世界などで、親の職業をそのまま継いだ「二世」というものに対する嫉妬もあるかもしれません。まずスタートラインが違うということは、やはり大きいものです。そして、親の人脈でベストな人材に囲まれたり教育されたりしながら一流の環境で成長することができる。これについてもすべてゼロから始める人間とはかなりの開きが出ます。

つまり、自分の努力の結果ではなく、最初から生きていくのに有利にあるであろう手段すべてを手にしている存在に人はものすごく腹が立つのです。

しかしながら、その人自身が「本物」の育ちのいい人であれば、不思議なことに人はそれほど嫉妬を覚えません。本当に育ちのいい人は、自慢をしないし、見栄を張らず、人に優しく接すからです。

「本物」というのは、その背景に見合うだけの中味を身に着けているということです。そして、これはちょっとした物腰や会話の端々に表れるものなのです。

嫉妬をしてしまうのは、こういう人ではなく、「育ちのいいフリをしている偽物」感を醸し出している人です。

雰囲気だけがお嬢様、という人がひところよくいました。周りの数人が「この子、お嬢様なんです」っていったら、それだけでお嬢様とされてしまうような女。そしてこの「雰囲気だけお嬢様」に男は弱い。

女は自然に生きていたら、お嬢様然となんかなるわけないのです。育ちのよさとはそういうことではない。こういう「偽物」がちやほやされることに対して、私たちは嫉妬を覚えます。

本物の育ちのよい人というのは、マナーもよく、自身の背負った伝統やある種の抑圧もきちんと受け止めて、ある意味苦労もしながら生きている。つまり努力をしているわけです。こういう人には嫉妬は起きない。逆にいえば、家が多少貧乏でも、複雑な家庭環境を背負っていたとしても、自分の背景と闘いながらも努力をして、それなりのものを身につけてゆけば、出自には負けてしまうかもしれませんが、自分で「育ち」をつくることも不可能ではないかもしれません。

もしも、あなたが今誰かの「育ち」に嫉妬しているのであれば、その人物特有の何かが鼻についている可能性もあり得るということです。まずはここを見極めることから始めましょう。私が考える「育ちがいい人」とは、家柄や財産ではなく、幼少期に親からたっぷり愛情を注いで育ててもらった人です。そういう人に、底意地の悪い人間はいませんから。

学歴に対する女の嫉妬

学歴に対する嫉妬は、女性よりも、もしかしたらより社会的な生き物である男性のほうに強く見られるものかもしれません。しかしながら、それによって思い描いていた人生が得られなかった……などということは、男女関係なくあることだと思います。

私より少し年上の男性は、学園紛争で東大入試が中止になったときに大学受験をしたそうなのですが、必ず「俺は東大入試がなかったときの横浜国立大学だ」といいます。どうしても「東大入試がなかったときの」という前置きが入るのですね。

そこには、入試さえ行われていたら東大に行けたし、東大に行けたらもっと成功していた、といいたい気持ちが込められているのでしょう。

私は受験については自分の努力でラッキーにもクリアしてきたので、努力すればだれでも目標をクリアしていけるものだと信じていたところがありました。

ところが、子どもを持ってみて、そのときに初めて、学歴に対する嫉妬というものがあるのだということを知りました。

私の子ども二人はなぜかことごとく受験に失敗しました。それがすごく腹立たしい。同じような塾に通っているお友達がクリアしていくと、向こうはウチの子より努力しているからだとわかっていながらも、嫉妬心をどうしても覚えてしまいました。子どもをいつの間にか自分と同一視していたんですね。

高度成長期と違って、これだけ大手企業が潰れ、終身雇用制度が崩れていくと、高学歴に昔ほどの価値が果たしてあるのだろうかと思ってしまいます。

私の周りを見ても、大学の友達はみんな、地方のトップクラスの高校を出て国立大に集まってきて、大学時代ものすごく勉強して優秀で、お茶大に飽き足らずに京大、東大と入り直す人も少なくなかったのです。

では、彼女たちが今、何をしているかといえば、みんな専業主婦になってしまっている。私の時代は男女雇用機会均等法施行前だとはいえ、そう考えると学歴とは何なのかと思ってしまいます。

しかしいざ親の立場に立ってみると、将来何になっても構わないけれども、ある程度高い学歴をつけさせることによって、将来への可能性を残してやりたいと思うのが親心なのです。

学歴の要らない職業もたくさんあります。バレリーナとか美容師とか、漫画家だってそうです。それでも多くの企業ではまだ、学歴が採用されるときにひとつの武器になる。

15歳くらいで本当に自分の将来が決められる子というのは、ほとんどいません。学歴が要るか要らないかは、もう少し先まで判断を待っていいだろう。そんな気持ちから、せめて18歳くらいまでは可能性を残しておいてやりたいと思ったのです。

学歴があればどんなによかっただろうと思うのは、一般には就職試験のときでしょう。特にここ数年の超氷河期においては、当たり前のように大学名だけで端から足切りがされてしまう。地方の小さな大学の学生が上京して就職したいとなったら、並大抵でない苦労をしながら情報は全部自分で集めて、地道にこまめに何百社にアプローチするしかありません。それでも一社も受からない場合だって大いにありえます。

そういうときに、名前のある大学に通っていて、企業のほうから資料が大量に届くような学生を見たら、激しい嫉妬が湧いてくるのも当たり前です。実力を比べられて落とされたのならまだわかる。しかし、大学名だけで、最初からチャンスを与えられないというのは、将来への道の大部分を閉ざされてしまうに等しいことに思えます。

しかし、このことに対して抱く嫉妬は、同じ土俵で勝負している限り、続きます。理不尽だと思いますが、これが世間というものなのです。どうしても学歴がほしければ、たとえ年齢を重ねたとしても、また希望の大学を受け直して時間がかかっても卒業して満足するか、それが現実的でないのだとしたら、そこではないどこかで嫉妬の逃げ道を探すよりほかありません。

過去に希望どおりに進まなかった経験を持つ人は、いつまでも、その時点に立ち戻って「あのとき、あの大学に受かっていれば」ということがままあります。思い続けていると、嫉妬はどんどん、ドロドロとした重いものに変わって行って、なかなか前に進むことができなくなります。そこしか見えなくなってしまいます。

「こんなはずではなかった」ではなく、「合格できなかったのが自分なのだ」と、そこをまず認める。しかし、それはイコール「私はダメな人間だ」ということでも、負けたわけでも決してない。そこをきちんと言い聞かせて、その大学なり高校とは縁のない人生を肯定してみるのです。

嫉妬を自分の荷物にしてはいけません。それは、自分自身をもっとも不幸にしてしまうからです。そうではなくて、まったく違う世界を見つけるきっかけにするのです。最初はそんなふうには思えないかもしれません。でも、無理やりにでも別の方向を向いたほうが、風は吹いてくると思います。

「持ち物」に対する女の嫉妬

自分が持っていないものを誰かが持っているときも、女はその人に対して嫉妬を覚えることがあります。洋服だったり、アクセサリーだったり、ブランドのバッグだったり、時計だったり、とにかく羨ましくて仕方ない。けれども、本当に、その品物そのものに興味があって手に入れたいのかとなると、そういう人は少ないのではないかと思います。

つまり、私が持っていないものを持っている人に対する嫉妬というのは、そういうものを持っていると、自分がきっとちやほやされるんだろうなと思うからなのです。自分がちやほやされないのは持っていないから。ちやほやされるために、あれがほしい。きっと心を繙《ひもと》いていくと、本心は大体そんなところではないかと思います。

本当のマニアは違います。手に入れて、自分で眺めるだけで満足してしまう。その品物そのものに興味があるからです。

男の人に多いですが、年代物のカメラとかギターとか、少年時代に興味があって買えなかったものを、大人になった今改めてこだわって楽しんでみるというのは、これは、そのもの自体を自身が楽しむために買うのであって、誰かが羨ましくて買うのとは、違うタイプのものです。

しかし、そういったタイプ以外は大体、物欲が起きるときというのは、そのものを手にいれることによって自分を大きく見せたい、それを持てるだけの人として認められたいと思うとき。つまり、ものを持っている自分がほしいのです。

わかりやすい例でいうと、家がそうではないでしょうか。それは郊外の一軒家かもしれないし、都心のタワーマンションかもしれない。そこに暮らす自分がほしいのです。そこに暮らしている自分を人に見てもらいたいのです。

ですから、そういう生活に憧れている人が、同じ生活を実際に手に入れている人を見たら、激しく嫉妬する。ただ素敵な家を持っている、その素敵な家そのものに嫉妬しているわけではないのです。

ここのところの見極めが非常に大切です。ものがほしいだけだと思い込んでいると、いくら高いお金を出して買ったところで、思い描いたような「ちやほや」は訪れません。ものなのか、ものを持っている自分なのか。自分が何に嫉妬しているのかを冷静に考えてみることです。


もうひとつ「持ち物」について嫉妬するケースとして、大事なことがありました。そうです。すごく高価なものを「彼に買ってもらっちゃった！」とあっさり自慢する女。これは徹底的に嫉妬されます。

彼女が自慢したいのは、品物そのものかというと決してそうではなく、「私はそれだけの価値のある女なのよ」ということなのです。

持ち物は自力で得ることが大前提。これをこういう形で見せつける女というのは、ある意味嫉妬をさせるためだけにものを持っているのです。

これにまんまと引っかかってはいけません。ものはものです。嫉妬をさせるのは、ものに載せられた思惑です。これをまず見抜くことです。

「所属するコミュニティの上の人」に対する女の嫉妬

会社にしろ、学校にしろ、ママ友にしろ、サークルにしろ、同じコミュニティの中で優位に立つ人に抱く嫉妬というものもあります。私の場合でいうと、同じ漫画家という同業者同士で感じることです。

それを嫉妬といえるかどうかわかりませんが、「どうして、こんな作品が売れるんだろう」と思ったことはあります。

特に腹が立つのが、絵柄は○○先生の真似だし、話は××先生の真似でオリジナリティがないのに、小手先だけ器用で、読者に広く受け入れられていると いうパターンですね。人のものを借りてきて、うまいこと組み立ててばれないように、という魂胆が透けて見えるところがもっとも腹の立つところなのです。

読者に媚びを売りすぎるものも苦手です。たとえば女性の作家なのに、男性読者にウケるために、男性が喜びそうな男性仕様のエロシーンを自分の本意ではないのに描くというのがダメです。男性が男性の好きそうなエロシーンを描くのはいいのです。けれども、こう描けば男性が喜ぶだろうという表現を女性が描く行為に媚びを感じてしまうのです。

同じコミュニティの中で、明らかに努力して、実力もあるという人には嫉妬を超えた敬意が芽生えるものですが、「なんでこの人が?」という思いがあるときには、その人がうまくやればやるほど嫉妬は湧いてくるものです。「実力もないのに、うまいことやって」という気持ちがあるからです。

特に判断基準が数値化できずに曖昧な、芸術や芸事の世界などでは、こうした嫉妬がよくあるような気がします。

少し前にロシアのボリショイバレエ団の事件がありましたよね。監督が硫酸を顔にかけられてしまったというものです。同じバレエ団所属のダンサー3人が逮捕されましたが、理由についてはキャスティングをめぐっての恨みだったという説もありました。まだ公判中なので真実はわかりませんが、やはり、これと似たようなことは、程度の差こそあれ、いろいろと起こっていることなのかもしれません。

舞台の主役を射止めた人の靴に画びょうや針が入っていた、などという話も昔からよくありますが、納得いかない結果に対する嫉妬が、そうした陰湿な形で表れた例なのでしょう。

つまり「実力ではない何か」が作用するところで、こういう嫉妬は巻き起こりがちです。実力があると誰の目にも明らかな人が、上のポジションについたり認められたりということには、異論を挟む余地はない。けれど「なぜこの人が」という人が、その「何か」――つまり、女であるとか、正当ではない手段を使って認められていくと、それについては、やはり強い嫉妬心が芽生えてしまうのです。

たとえば、同期で会社に入って、同じくらいの実力だったのに、ひとりだけ社長の娘と結婚して営業部長に昇進した、などという場合もそうでしょう。「実力ではない何か」の「何か」で大きく同期に水をあけたというわけです。

人の真似をしたり、臆面もなく実力以外のところで勝負しようとするそのエネルギーは、決して褒められたものではないにせよ、自分の真似できないことをやってのけたという点では、あっぱれというところもあるのかもしれません。

しかし納得はできません。こういうことに対する嫉妬は、何もかもがモヤモヤとした中で燻るだけに、内にこもりがちです。これを放っておいてはいけません。

「家族」に対する女の嫉妬

最近、ブログやSNSの広がりによって、新しい幸せ自慢の形ができたと思います。家族に関する話題や写真をアップして、素敵な旦那さん、可愛い子どもも、素敵な家、といったものをアピールする。

あまりに度が過ぎると、まるで家族とはこういう形が一番幸せなのだよと、半ば押し付けられている気持ちになることもあります。家族写真の年賀状は年に1回だからまだ我慢できますが、毎日のように更新されるブログやSNSでこれでもかと見せつけられると、嫉妬の念もフツフツと湧いてくるものです。

女性誌の読者モデルのページがありますが、あれも似たようなものですね。白金辺りに住んで、夫と仲がよくて、子どもはいい幼稚園に入って、いつも綺麗な自分がいる。

雑誌でおいしいとこ取りの撮影をしているわけですから非常に表面的であるにもかかわらず、つい我が身と引き比べて嫉妬心を感じてしまう。やはり、家族というのもまた、女性の人生を彩る大事な要素であり、ここでも幸せ比べをしてしまうのです。

つまりは、みんな不安だということです。人の幸せも気になるし、人の目に自分の幸せがどう映っているのかも気になる。ブログやSNSでことさらに幸せぶりを強調するのも、その裏返しといったところだってあるのです。

夫が素敵であることは欠かせない条件のひとつですが、それと同時にやはり、子どもというのも大事な要素になってきます。

子どもは結婚すれば必ずできるというものではありません。やはり授かりものですから、恵まれない場合もある。そのときの嫉妬には、やはり深刻なものがあるのです。

男性と違って女性は産める年齢にリミットがありますから、年齢が進んでいくに従って、この問題は深刻な嫉妬を産む原因にもなります。

たとえば不妊治療をしているグループでは、妊娠した途端に、それまで一緒に頑張ってきた仲間たちが離れていってしまうといいます。

以前、仲の良い友人と3人で、よく会っていたときがあったのですが、私ともう一人の友人が、いつも時間が来ると、「子どもがいますから帰ります」といって席を立っていたんですね。

そのときに「本当に子どもが大切なのね。ふん」と、子供のいない残りの一人にいわれたことがありました。冗談にしかとっていなかったのですが、後で、そのとき彼女がひそかに不妊治療中だったということを知って、私の鈍感さで、随分傷つけて怒らせてしまったんだろうなと、申し訳なく思いました。

今の、40代〜50才までくらいの人は、高度成長期に育っていて、男女雇用機会均等法施行以後に就職した人たちなので、努力すればすべて報われると信じていることが多いような気がします。

勉強でも、運動でも、できないのは努力しないから。努力すればある程度のものは、何でも手に入る。そう信じて頑張ってきた人たち。就職も結婚もある程度は努力で何とか手に入れられてきた。

ところが、子どもだけは「授かりもの」というだけあって、どうにもならない。そのときに、おそらく必要以上の苦しみがあるのだと思うのです。

子どものいる人すべてが本当に妬ましく思えてくる。不妊治療のお金はかかるし、年齢は進むし、どこまで頑張るかというのも、40代になると考えざるを得なくなってきます。

また、これまで独身を通してきたり、子どもを持たないできた人たちが、このままでいいのかと焦り始めるのもこの時期。やはり、今決断しないとという思いが、「人は持っているけれども、自分は持っていない」ということを激しく意識させるのかもしれません。

では子どもがいればすべて幸せなのか、というと、これも必ずしもそうとはいえないと思います。いたらいたで不自由なことも多いし、子どもが思いどおりに育つとも限らない。不登校になったり非行に走ったりして悩みのタネになることもあるでしょうし、病気やケガの心配もある。

バリバリ働きたいと思ったときに、手かせ足かせになることだってあります。そういう人はそういう人で、子どものいない人が軽やかに生きているのを見て、嫉妬するのです。どこまで行っても隣の芝の方が青いのです。

人は自分が持っていないものに対して、とにかく妬ましい。自分よりも幸せに暮らしている人を見ることが、幸せそうに見える人がいることが、やっぱり苦しく、つらいのです。自分が充実しているのなら別ですが、少しでも欠けた思いを胸に抱えている場合は、欠けた部分を持っている人が、どうしても妬ましい。しかも、それが自分の嫌いな女だったら、なおのこと許せなくなってしまうのです。

そして、どこかに弱点を見つけだそうとする。

うちのことでいえば、私が子離れできない親であるにもかかわらず、皮肉なことに、子どもたちは二人とも親離れが早かった。これだけ心配しているのに、娘には「お母さんが勝手に心配しているだけだから関係ない」などといわれてしまった上に、とうとう彼女は、19歳で大学に進学するや下宿をして家を出て一人で暮らし始めてしまったのでした。二人とも、漫画家の子どもといわれるのが嫌で、影響の及ばないところで生きてみたかったのでしょうか。

これはショックでした。私としては、せめてもう少し一緒に暮らして、毎日仲良く過ごしたかったのに、まるで手足がもがれたようになって、悲しくて寂しくて、激しく落ち込んでしまったのです。５年くらいずっと落ち込んでいたほどです。

こうなると、子どもと暮らしている人すべてに激しい嫉妬を覚えるようになりました。一緒に旅行にしたり、買い物したり……などという話を聞くと羨ましくて仕方なくなってしまうのです。

子どもの成績のことで悩んで、周りのお子さんと比べて嫉妬したこともあります。ママ友で、お子さん3人をすべて超一流大学に入れた人がいました。こういう人に限って「ウチは何にもしてないのよー」などと言うのです。この人に対しては本気で嫉妬を覚えました。

でも、そういう優秀な息子さんたちは海外赴任したりとか、仕事優先で転勤族になって日本中を移動したりして、もしかしたら3年に1回しか会えないかもしれない……と思うと、うちの半引きこもりみたいな、週1回は帰ってくる息子のほうが、よっぽど幸せだなあと思ったりして、ほっと安心したような気持ちになる。

そんなことでも、女は真剣に隣と比べてしまうものなのです。それが「家族」

のことになると、より熱さが増す。そんな気がします。

「恋愛」をめぐる女の嫉妬

独身同士、夫婦、不倫、ダブル不倫、さまざまな恋愛関係がありますが、女性の嫉妬を生む根源的な原因は、ただひとつ。

愛する人が、私以外の女と仲良くする。これだけです。

関係や状況によって、もちろんさまざまな枝葉や複雑な事情が付随してきますが、全部そぎ落としていくと、恋愛の嫉妬はすべて、「私以外の女は見ないで」ということに集約されるのです。

しかし、気持ちというのは縛ることができないものなのです。本来、移ろいやすいと決まっている。それは自然なことです。つまり、三角関係になったときに、実は誰も責められるべき人などいないのです。

そのことが、より問題を複雑にするのですね。悪人はひとりもいない。みんな、ただ誰かを愛しているというだけです。しかも、もっといえば、愛するということは、相手の幸せを願うことでもあるので、相手がほかの女といるほうが幸せであるならば、本当だったら、それを望むのが筋……ともいえます。

私の離婚した友達は、旦那さんが浮気して出ていったのですが、そのときにこういわれたそうです。

「僕のことを愛しているだろう？　愛しているなら、ほかの女と一緒になる僕を祝福してくれ」

現実にはそんな聖母マリアのような寛容な気持ちで送り出せるわけありません。フザケンなよと怒号を浴びせるのが、当然です。しかし、これはある意味、恋愛の真理なのです。縛る権利は誰にもありません。

ただ人間は、人を好きになると、どうしても独占欲が出てきます。彼を自分だけのものにしたい。彼に私だけを見つめてもらいたいと願うものなのです。

不倫している人は、相手を妻と別れさせてでも、どうやっても奪いたいという気持ちが出てくる。これは、子どもがお母さんの愛情がきょうだいに移ることに嫉妬する、あの心理と私には似たもののように思えます。

恋愛関係で「つき合おう」といった瞬間は、確かにお互いが一番だったのです。それが、時間が経ち相手が心をほかに移してしまったことで、自分がもらえるものが少なくなってしまったことに対する怒り。それが恋愛における浮気相手に対する嫉妬なのです。

よく男は不倫相手に「君のことは愛しているけれども、妻は家族だから別れられない」という言い方をします。男にとって、ある意味それは正直な気持ちなのですが、不倫している女は、家族愛すら許せなくなっている状態です。愛という名のつくものは全部私にください、というような思いですね。冗談ではなくペットにまで嫉妬するぐらいの勢いです。

彼と会えない時間も、ずーっと彼のことを考え続けている。今何をしているのだろう、今家族と一緒にいるのだろうか、妻と楽しそうに笑っているのだろうか……。

妄想が妄想を呼んで、嫉妬がどんどん膨れ上がって苦しくなってくる。これもすべて独占欲があるからなのです。けれども、恋愛においては、愛が深まれば独り占めしたいという思いはついて回ります。そして、この独占欲がある限り、嫉妬は消えません。だから恋愛は苦しいのです。

女は自分が一番幸せだった時を基準にしてしまうのですが、恋愛において、関係性がずっと続くと思うこと自体が間違いなのです。また、たとえ妻の座を得たとしても、夫の愛情まで永遠に保証されたと思うのも、勘違いというものです。嫉妬の炎を抑えられなくなってしまうのは、このことを納得できていないからです。受け容れがたいことではありますが、恋愛においては、これは永遠のテーマなのです。

愛は常に移ろうものである

第3章　男の嫉妬

女は幸せに嫉妬し、男は成功に嫉妬する

嫉妬というと、すぐに女性のものというイメージがつきまといがちですが、男性にも嫉妬心は存在します。というよりも、むしろ男性のほうが、一旦嫉妬すると、タチが悪い場合が多いような気がします。ここでは、男性の嫉妬について考えてみましょう。

その昔、漫画がヒットしてテレビ化もされたりして、少し名前が知られるようになったときに、徳島での同窓会があって出席しました。女の子の友達は、全員が「よかったねぇ！」「売れてよかったねー！」と喜んで、祝福してくれたのですが、意外にも、親しかった男の子たちの中に、そうではない人がいたのです。

女子大時代の漫研で一緒だった人たちも喜んで応援してくれる一方で、なぜか、かつての同級生の男の子たちの一部がそうではなかった。中でも、一度、進学や就職で東京に出て、またUターンして徳島に戻ってきた、そういう人たちとの間に、何かこう引っかかる溝みたいなものが感じられたのです。

この雰囲気は何なのだろう。私が何かしたかしら？　と、しばらく落ち着かない気持ちでしたが、ややあって、そうか！　と思い至りました。

「私、嫉妬されているんだ」

女性の間の嫉妬には、周囲で起こることも含めて慣れていましたが、男性にも嫉妬があるのだということ、しかも女性に対して向けられることもあるのだなということを改めて学びました。

しかも、男の人の場合、自分がそういう感情を抱いていることをあからさまに出すのをみっともないと思っているのか、変に緊張感を醸し出してきたりする。実にややこしいったらありません。女性の嫉妬がわりとわかりやすいのに比べると、回りくどくて、何ともカラッとしていない。発する言葉の一つひとつにもチクチクとトゲがあるのです。

以来、気をつけて観察していると、男性の嫉妬には、女性とは異なるひとつの特徴があることに気づきました。

それは、男性の嫉妬する対象が、「社会的成功」であるということ。男性にとっては、世の中にどれくらい認められるか、名を上げられるか、何かを成し遂げられるか、そこに人生最大の関心事がある。

人よりも幸せになりたい、という女性とは、求めるものが全然違うのですね。さらに相手が女の場合は「女のくせに」という気持ちが微妙に混じってくるので、より捻《ねじ》れた形で出てくるのかもしれません。それにしても、同性からの嫉妬よりも男性からの嫉妬のほうが、わかりづらいためか私にはつらく感じられたのでした。

知り合いの女性編集者の話です。海外取材にいくことを上司から突然命じられました。その部署では、海外出張というのはめったにないことで彼女も驚いたのですが、もう決まってしまっている。

普段から海外旅行を積極的にするタイプでもない彼女は、「億劫だなぁ」と思いこそすれ、乗り気ではなかったのですが、とにかく行くことになった。

行先はアメリカ、公文書館などで作家さんと一緒に資料を探すのが主な仕事だったのですが、行ってみたら、いろいろ貴重な資料を目の当たりにし、発見もあって、けっこう楽しかったそうです。

そこで帰国後、上司に「ありがとうございました。すごく面白かったです。こんな貴重な史料や、こんな文書があってですね……」と、興味を引かれたものについて、いきいきと報告したところ、行く前は、あれほど強硬に行けといった上司の態度がおかしい。ことあるごとに嫌味をいわれたり、嫌がらせをされるようになったというのです。

彼女としては、もうわけがわからなくて、戸惑うばかりだったらしいのですが、やはり、しばらくして、その出張に誰よりも行きたかったのは、上司本人であったということに気づいたのです。もしかしたら、自分が行きたくて秘かに計画していたものを、何かの都合で部下に譲らなければならなくなった。行かせたところ、思わぬ貴重な発見もあり、そこそこ成果のある旅になった。それに嫉妬したのだろうと。

彼女にしてみれば、上司である彼の命令に従ったまでで理不尽この上ないのですが、彼としては、50になんなんとする男が、30行くか行かないかの、「何もわかっていない、根回しの苦労も知らない小娘に自分のものであったはずの手柄をかっさらわれた」気分で、悔しくてたまらなかったのです。

男性とは、このように、とにかく社会的な場面の「手柄」や「成功」に敏感に反応して嫉妬します。片や女性はといえば、そうしたものには、さほど興味がない。女性の関心が集まるのは、あくまで相手が「幸せ」を感じているか否か、です。その「幸せ」が、自分の得られていないものであるときに、初めて嫉妬する。社会的に認められるとか、認められないとか、成功するとかしないとか、そのことは、ほとんど嫉妬の対象にはならない。

徳島の同窓会で、私が漫画家として売れてきたことを女友達が喜んでくれたのは、女性はそうした社会的な成功を、嫉妬の対象としては見ないということの表れだったんですね。

そうです。まさに女は「幸せ」に嫉妬し、男は「成功」に嫉妬する。同じ嫉妬でも、その性質はまったく異なるものなのです。

そういえば、やはり徳島の同級生とのエピソードで、こんなこともありました。高校の同級生に、銀行の頭取になっているA君という子がいるのですが、あるとき、彼が上京することになったのです。せっかくだから、こちらで彼を知る友達をもう一人呼ぼうと思い、東京で大学教授をしている男性を誘ってみました。「A君が上京するので会おうってことになったんだけど、せっかくだから教授も来ない？　A君に『教授も誘っていい？』って訊いたら『誰を誘ってもいいよ』っていってたから」と伝えたところ、その教授の彼は断ってきたのです。

別に忙しいわけじゃなさそうだし、どうして断ったのかな……と理由を考えてみたのですが、私にはどうしてもわからない。後日、人伝に聞いたところによると、その私の誘い方にカチンと来たのだということが判明しました。頭取である彼から「誰を誘ってもいいよ」といわれたこと、自分が頭取から見てワン・オブ・ゼムとしか数えられなかった、それくらい下に見られたということが、彼にとってはたまらない屈辱だったようです。「『教授も誘ってくれ』と、アイツがいっていたら行っていた」のだとか。まったくややこしい。

このように、男の嫉妬は、女の嫉妬と種類が違うだけでなく、さらにややこしくて複雑で、粘着質なところがあります。

おそらく男性のほうがナイーブなので、傷つけられたり、悔しく思ったり、恨んだり……といった感情が、より心の奥深く刻まれるのかもしれません。また、たとえばそれが女性に対して向けられる場合などには、嫉妬しているさまを堂々とぶつけるのは男の沽券に係わる、というところもあるのでしょう。ですから表面では何事もなかったかのように、けれども潜伏してじっとり、ねっとり……ということになっていくから、余計にタチが悪い。

「男の人だから、さっぱり許してくれる」などと思っている女性のあなた、それは大きな勘違いです。男に嫉妬されたら、かなりしつこい攻撃をじわじわと受けることになるかもしれません。そして、また、男はよく嫉妬する生き物でもあるのです。

「肩書き、命」です

男は「成功」に嫉妬するんだ――。そんなことに気づいて、今まさに働き盛り、アラフォー男性編集者に「やっぱりそうなの？」と聞いてみたところ、こんな言葉が返ってきました。

「それはそうですよ。男にとって、社会的な地位や名声は自分と地続きの、いわば手足のようなものなんです。それを失くすことは、手足をもがれることと同じなんですよ。そのまま自分自身ですからね。女性は、そういう社会的な立場は、自分とは切り離しているじゃないですか。でも、男の場合は自分の手足ですから、これがないと、拠り所がなくて不安で仕方ない。より立派で安定した拠り所を得て成功している同性には、もうムチャクチャ嫉妬します」

彼の場合、もともとテレビ局でドラマを作りたいという夢があって、テレビ局を中心に就職活動を行っていたのが、第一志望のテレビ局に最終面接で不合格。今でもその苦い経験を拭い去れず、テレビ局のプロデューサーたちには、激しい嫉妬を覚えてしまうのだというのです。

「思うんですよ。ああ、あの面接のときに、ああいうふうに答えていれば……とか、もしかしたら、あの言葉がよくなかったのかな、とか。できることなら、あの時点に立ち戻って面接を受け直したいくらいです」

20年近く経った今でも、このときのことをここまで悔むというのは、よほど強い感情だということがわかります。

それはわかりますが、この気持ちを私がわかるかといわれれば、全くわかりません。結局、彼はそれから編集者になって、今立派に活躍しているのだから、少し方向転換したとはいえ、同じメディアの仕事ができていて、何の不足があるのだろう。私などはそう思うのですが、きっと彼の中では、テレビに比べると「成功度」が低いのでしょう。

メディアの中でも、もっと権力を持って広く人々に影響力を与えられるような立場に就きたい、そんな気持ちが、テレビ界の人など、彼が「上」であると思う人たちへ嫉妬となって向けられるのかもしれません。

まさに男は「成功」に嫉妬する、その典型的な例ですね。

何もこれは、彼だけに限った話ではないと思います。周りの男性を見ていると、大なり小なり「成功」には固執しているのが見てとれる。そして、「成功」に固執する彼らにとって、やはり非常に重要なのが「肩書き」なのです。成功の記録ともいえる「肩書き」をいくつ持っているかによって、自信の度合いが違ってくる。特に会社の中だけではなく、業界をまたぐような地位に就いている人に対しては、その嫉妬もすさまじいものになるようです。

再び編集者の彼によれば、今、彼が一番ほしいものであり、その座に就いていることに嫉妬を覚えるのは、テレビ局の番組審議会の委員なのだそう。いわゆる「番審」です。これは、テレビ局の番組を評価して、その制作担当者に物申すことのできる立場の人たちのことですね。

いろいろなジャンルから識者なりが選ばれて、定期的に会議の場で意見を述べるわけですが、メンバーには大学の先生もいれば、財界の人や出版社の社長もいたり、俳優さんや作家さんもいたりする。みんな局から選ばれた人たちで、なりたいからといってなれるものではないのですが、だからこそステイタスなのだといいます。影響力の大きいテレビ業界の中で、一応、「もっとも権力がある」と見られているプロデューサーに、自身の見解を述べることができるのが、非常に羨ましいのだとか。

「つまり、そういうのって、お金で解決できない、それとは別なところの評価じゃないですか。どうやったら選ばれるのかと思ったりしますよね」

ちなみに、私は以前、あるテレビ局の番審を務めていたことがありましたが、その価値を認められずに辞めてしまいました。なぜなら、つまらなかったからです。

各々が自分の立場で自分の意見を押しつけがましく発言して、ほかの意見は認めない、という感じも非生産的だし、時間もとられる。そのほかにも官庁の委員など、いろいろと務めたこともありましたが、数年前からは一切引き受けないことにして辞めてしまったのです。そんな時間があるなら、もっと作品に集中したいし、自分の好きなことをやる時間に充てたかったからです。でも、これは、男性には信じがたい行動に映るようなんですね。

とにかく男性は、自分を縁取るものがほしい。それも権威があればあるほど、数も多ければ多いほど安心できるらしい。逆にいえば、それを持たないと不安で不安で、持っている人に、すさまじい嫉妬を覚える、そういうことなのです。

定年後の男性が腑抜けになってしまうのも、その自分の「立場」がなくなってしまうからです。「辞める、辞める」といって、なかなか退かないあなたの会社の社長さんも、やはり手足を失う自分が不安なのです。

ちなみに、恋愛関係では、男性は嫉妬しないのでしょうか。よくストーカーまで発展するような執着や嫉妬をニュースなどで見聞きしますが、そういうのを見ると、男性だって、「成功」だけでなく「恋愛」でも嫉妬するものだと思えますが。

ところが、これがやはり不思議なことに、どの男性に聞いても「男には男女の間の色気的な嫉妬はない」というのが大方の意見なのです。なので、いくら何万人の女性がキャーキャーキャー言おうが、福山雅治に対する嫉妬もない、と。では、つきあっている女性を束縛したり、女性の言動にいちいち目くじらを立てたり……というあの行動はどう説明をつけるのか。

　実はこれ、愛情から出ている嫉妬ではないことが多いらしいのです。つまり、女性がほかの男性の「もの」になってしまうのが嫌だという感覚です。なぜなら「持ち物の数」で相手の男に「負ける」ことになるから。それって、女性にしてみたら、ちょっとショックじゃないですか？　人によって多少の違いはあるかもしれませんが、でも、これは往々にして事実らしいのです。

　スポーツ選手が女子アナと結婚したり、俳優がキャビンアテンダントを妻にしたりというニュースを聞くと、自分に彼女がいようが妻がいようが、男というものは必ず「チクショー。うまくやりやがったな」と思うもの。

　でも、これは、その女子アナやキャビンアテンダントに恋心を抱いて、疑似失恋のような失望を覚えて悲しんだり悔しがったりするから、というわけではありません。そうではなくて、世間的に知られていて、一応、才色兼備とされている彼女たちを自分の一部にできた、その同性のステイタスに対して、何よりも嫉妬を覚えているのです。

そう聞くと、女としては、安心するやら興ざめするやらガッカリするやらフクザツですが、男女の求めるものには、それくらいの開きがあるということなんですね。今さらのようですが、嫉妬ひとつで、いろいろ見えてきてしまうものです。

「どれだけのものを手にしているか」で価値が決まる

こうした話を聞きながら、うちの夫はどうかなと考えてみると、やはり、みごとにこの法則に当てはまるのです。

夫も数々の委員を引き受けていますし、その中にはラジオの番組審議委員もあります。漫画を描くだけで忙しいのだから、審査員なんか辞めればいいと思うのですが絶対手放しません。

紫綬褒章をいただいたときも、私は何の興味もなくて、「えーっ、授与式に夫婦一緒に行くの？　なんか面倒くさいけど、皇居には、ちょっと入ってみたいなぁ」ぐらいのミーハー極まりないノリでしたが、夫にはそれなりの感慨があった模様。やはり、男の人は「何をどれくらい持っているか」ということに非常にこだわるものなのだと実感したものです。

夫はまた、私以上に車や時計にもこだわります。私は自動車は国産車のコンパクトカーですし、時計もブランドよりデザイン重視です。彼は車はドイツ社、時計は舶来物と決めています。

知り合いの男性に聞くと、「名刺やカードや車というのは、男にとって自分を表現する一部なんですよ」というのです。社会に自分を表現する要素の一部分なんですね。気に入らない車で街を行くということは、裸で歩くのと同じ。そんな思いをするくらいなら、いっそ電車で移動したほうがいい。それくらいのものだそうです。

自分とそこまでの格差はないだろうと踏んでいた相手が、実はブラックカードを持っている……などという噂を聞けば、「なんでアイツが」という思いに、じりじり歯噛みするものらしいのです。

女は実体のないものに幸福を見出すけれども、男の場合は、具体的に表せるものにしか幸福を感じない、ということでしょうか。そして、そのように具体的に、わかりやすく示された権威に対して、優越感を覚えたり、逆に嫉妬したりするのです。ですから、隣の席のヤツよりも、同期の誰よりも、できるだけ多くのものを持っていたい。それが男性なのです。

そう思って改めて私の身のまわりの男性を思い浮かべてみると、それなりに思い当たるところがいろいろあります。

某民放テレビ局でも、女好きプロデューサーが「同僚のプロデューサーAのつき合う女優は三流だが、俺は主役クラスの女優としかつき合わない」などと、女から見ればどうでもいいことを威張っていました。

女は欲張りで、男は勝ち負け

では、なぜ女が幸せに嫉妬して、男が成功に嫉妬するかといえば、女は欲張りで男は勝ち負けにこだわるものだからです。

似ているようですが、これは全然違います。以前、夫が私に向かって、「君は自分の周りをきれいに整えて、好きなものを置いておくだけで幸せなんだね」といったことがありました。

「そうですよ、それ以上に何がありますか?」と答えたら「えっ?」と驚いていましたが、まさに女は、人がどう思おうが自分のほしいものがほしい。

自分が心地よいと感じられるものがほしい、それも、全部ほしい。それだけなのです。社会とつながろうがつながるまいが、そんなことは関係ありません。

自分の周りに自分のほしいものすべてがそろっていて、自分好みに暮らせていければ、それで幸せなのです。そこは、社会的なつながりをどこまでも追い求めようとする男性と、もっとも大きく違うところかもしれません。

私がほしいものは、自分の五感を心地よくさせてくれるもの。リラックスできる環境と楽しいこと。あとは漫画が描けて、愛を注ぎ合う相手がいればそれで幸せ。

私が嫉妬するとすれば、ただひとつ、愛する人からの愛情を巡って……だけです。つまり、昔は（今も？）夫であり、今は子どもであり……ということなのです。そして、ほしいものに関しては、とことんほしい。中途半端では諦められない。全部私のほうに向かってもらいたい、とすら思ってしまう。そこも欲張りなのです。

昔、つき合っているときに、夫が「仕事が忙しくて会えない」といっているくせに、私とは会わないで、別の女たちとテニスに行っていたことがありました。

こちらとしては信じられないし、許しがたくて怒っていると、「なんで怒るの？」とケロッとしているのです。

ちっとも悪びれていないし、まったく良心の呵責などというものも覚えていない。でも、あまりにも、こちらがカッカするので一応「ごめんね」とはいう。それで次にいうことがこうです。

「じゃあ、何月何日にどこに行くって決めとけよ。その日スケジュール空けとくからさ」

私にとっては、これは信じられない言い分ですよね。私とつき合っているんだから、365日私のために空けとけよ！　それが当然でしょ！　というのがこちらの気持ちです。

それがつき合うってことでしょう?!　夫婦ってことでしょう!?　なんで私よりも、ほかの女を優先するのよ！　もう怒り心頭です。

私は、ほしいものは全部ほしいのです。愛する人の愛情は、100パーセント私に注いでほしい。第一、愛し合うってそういうことでしょう？　と思うわけです。そうされないときには、ものすごく嫉妬します。

でも、これを知人男性に聞くと、「僕は弘兼さんの気持ちがわかるなぁ」というのです。

「男はそれとこれとは別なんですよ。彼女と会って楽しく過ごして家に帰っても、そこへ『これから合コンあるんだけど、行く?』という電話が入れば、『おう、行く』となる。彼女がいるから絶対行かない、なんていう男はいないですよ。それはやっぱり、いつも勝負していたいからです。よりいい女……というか、より成功の匂いのするところにはいたい、ということです」

いや、そんなことはない、という男性もいることを、私としては願いたいと思いますが、少なくともうちの夫はこちら派なのかもしれません。

ですから、私は一人に向けた愛情をめぐってしか嫉妬しない。その人からの愛で充分満たされていれば、それだけで幸せ。

多くの男性に愛されたいなんてみじんも思わないし、こちらが興味のない男性に好かれても、面倒臭いだけ。ただひたすら自分の愛するたった一人からの愛情だけを求めるのですが、夫はとにかく誰に対しても平等の人なのです。女にモテるためには何でもする。その場にいるすべての女にモテたいから、美人だけをちやほやするのではないんですね。まんべんなく声をかけて回る。つまりは、モテている自分が好きなのです。

言い換えれば、一人の女に熱を上げるということはないのですが、その八方美人的なところが、私は逆に誠実ではないと思うんですね。私は、ひとつのものだけを求めて、ほかを排除していくのが愛だと思っているのですが、うちの夫は世界中にまんべんなく愛を振りまくし、まんべんなく愛されたい。「その中で、君には妻という座を与えたんだから、何を怒る必要があるの?」という理屈なのです。

それは身勝手だと私は怒る。でも、男には届かない。女にとって嫉妬というのは、「すべてのエネルギーを私に向けなさい」という欲張りエネルギーなのです。

夫の浮気になぜ妻は腹を立てるのか

そういうイライラというか嫉妬の気持ちは、結婚以来ずっとありましたが、だんだん慣れてきたのもあって、10年前くらいから思い悩むのを止めました。

その頃、子どもも手を離れてきて、これからの老後は二人だけなのだから、月に1回は映画に行こうと約束して行ったのです。

そして、翌月は、「じゃあ『ミリオンダラー・ベイビー』を見に行こう」と約束して日にちまで決めてあったのに、すっぽかされた。後から、仲のいい女のパーティに行っていたことがわかりました。

もちろん私は激怒しました。「なんで約束破ったの⁉」って。でも、このときも、向こうは全然悪びれた様子もなく「だって、仕事だもん」。

妻よりも、自分が社会的に高い地位で扱われるところを選んだというわけです。そのときに、私はもう怒るのも嫉妬するのも止めようと決めました。だって、「幸せな家庭で満足しきっているような男は、社会的に見て不幸なんだ」という夫に、私のほしいものを求めようと思ったところで、何年経っても、そこはもう平行線ですから。

夫も自分の著書の中で「妻は同居人。仕事を削ってまで妻のために時間はとらない」とはっきり書いていましたからね。

夫婦の歴史も段階があって、今はそういう状態です。うちの場合は、同業であり、子どもや親やいろいろ協力し合わないといけないこともあるので、共同経営者という感じですね。

さらに私としては信じられなかったのが、娘が久しぶりに帰ってきたのに外出してしまったときです。娘が大学を出てほとんど家に帰らなくなったときに、さすがに夫も寂しいと思ったのか、「娘はいつ戻ってくるんだ」としきりに聞いてきました。「明日戻ってくるよ」といったら、「あ、明日は銀座のバーで開店何十周年かのパーティがあるから、朝まで戻んないよ」。

それで本当に出かけてしまったのです。結局、明け方帰ってきてガーッと寝て、娘はその間に帰っていってしまいました。銀座のバーのパーティより、たまに帰宅する娘のほうが大事だろう、と私は思うのですが、そこはそうではないようなのです。どういう面々が来ているかが気になるらしい。

最近振り返ってみると、私はずっと漫画を描くことと子どもの世話で、夫のことまで見るゆとりがなかった。夫は夫で妻にうるさくいろいろいわれるのが嫌なタイプ。それは結婚するときにもはっきりいわれたので、お互いそういう意味では利害が一致していたのかもしれないとは思います。友達には、旦那さんが定年退職してずっと家にいるのが耐えられないという人も多いので、それよりは恵まれているのかなと思っています。

とはいえ、その境地に至るまでは、やはり、この男と女の差から来る噛み合わなさから、嫉妬したことがあったのも事実ですよね。でも、ここは、人によって多少の差こそあれ、永遠にすれ違ってしまうところかもしれません。

女性は、結局、大人になっても高校時代の恋愛観を持っているんですね。でも、男性は社会人になったと同時に切れてしまうみたいです。社会人になった途端にオスとして生きていくので、もう恋愛なんかは関係ない。それなのに女性がいつまでも変わらない価値観を同じように押し付けてくるので、「なんで、そんな高校生みたいなことを言うんだ」となる。夫が浮気して、妻がそれに嫉妬するというのは、この恋愛観の差によるところがきっと大きいのだと思います。けれど、妻がいくら望んでも、夫は高校時代と同じ恋愛観はもう持てないのです。

女は夫の不倫相手を憎み、男は不倫した妻を憎む

女の子にとって恋愛は、基本的に、赤い糸と運命の人、それだけです。そう

いう実体のないものを真実だと思うのが女なのです。逆に具体的なものは信じられない。それがたとえブラックカードであっても、です。

不倫をしている男が言い訳としてよくいうのが、浮気相手とのつき合いは本気ではない、それに妻には妻の座を与えているから、妻としての権利などのすべてを与えている。それが揺らぐわけではないのだから、何もそれほど目くじらをたてることのほどではない。

けれども、女は欲張りですから、自分に向けられるべき相手の愛情や関心や時間が、少しでもほかのところに流れてしまう、そのこと自体が嫌なのです。本来はすべて自分のものであるはずのものが、少しでもほかに向けられている、それがもう我慢ならないのですね。

男は所有欲が強いので、妻や子どもなど、自分が長年かけて築いてきた「所有物」を簡単に手放すことは嫌です。それを維持しようと努力する。ですから妻に対してどんなに気持ちが冷めていたとしても、所有物としての気遣いは見せます。

けれども女がほしいのは、そういう現実的な処置ではない。実体のない、二人共通の夢であったり、通い合う心であったり、常に相手から感じられる愛情であったりするわけです。100パーセントほしいのです。それが得られないことに、たまらなく嫉妬する。であるから、怒りの矛先は、自分が得るべきもろもろを奪っている夫の不倫相手に向けられるのです。

逆に妻のほうが不倫した場合ですが、こういう場合の男性は、相手の男を責めるのではなく、不倫をした妻に怒りを向けます。それは、おそらく男性の所有欲の表れでしょう。自分に所属しているべきものが、自分ではないところに所属しかけている。そのことに対する不満と焦り。それと、やはり、自分の「所有物」を獲った、ある意味「成功者」の相手に、「妻を返してくれ」などということは、みすみす自らの敗北を認めるようなもので、それはプライドが許さないのかもしれません。

こうして見ていけば見ていくほど、恋愛や夫婦間における嫉妬は不毛であるような気がしてしまいます。嫉妬はそれ自体を消すことはできないので、女性にとって抜け出す一番いい方法は、嫉妬の対象より自分が幸せになることなのです。けれども、恋愛はそれが簡単にはいかないからつらい。努力しても手に入らないから悩みは深い。でも、やはりこれを原動力にして幸せになることはできるのです。異性の気持ちがわからないといって地団駄踏んでいるだけでなく、違いを理解した上で、嫉妬に囚われない生き方を選ぶ。それができたらいいですね。

夫・弘兼憲史が妻に嫉妬した日

夫婦で長年同じ仕事をしていると、「お互い嫉妬することもあったでしょう?」と聞かれるのですが、少なくとも私に限っては、夫に対して嫉妬を覚えたことはありません。出会いのときに、既にあちらはプロで私はまだ学生、彼のアシスタントとして仕事を始めましたし、年齢も10歳近く離れているので、最初から「先生」という意識で接していました。そんな関係ですから、夫のほうもそういうことはないとずっと思ってきました。

うちは夫も私も講談社漫画賞と小学館漫画賞を、それぞれ受賞しているのですが、最初に受賞したのは私のほうでした。1983年『P・S・元気です、俊平』で講談社漫画賞をいただいたのです。でも、そのときも、「おめでとう」と握手してくれて、「編集者呼んで、飲みに行くぞ！」と率先して素直に祝福してくれたのです。そのときの候補には、夫の作品も挙がっていたのですが、そういうことができる人なのです。人気アンケートでは私の作品のほうが高かったので、そういうことも冷静に理解していたのかもしれません。

当時は誰にでも公平で、弱い人には優しくて若い頃は素敵な人でした。その人間性を私も尊敬していました。

後から聞いたところでは、受賞パーティの席で、審査員の里中満智子先生に、「妻には才能があります」という意味のことをいったということも聞きました。それには里中先生も驚かれて、「感動した」といってくださったようです。

そんなふうだったので、夫の中にもまさか私に対する嫉妬なんてあるわけないと頭から決めつけて何も疑問に思いませんでした。

結局、その2年後に、夫は『人間交差点』で小学館漫画賞を受賞するのですが、そのときのスピーチでこういったのです。

「これでやっと妻に追いつきました」

びっくりしました。まさか夫の中に、そんな秘めたる思いがあったとは、そのときまで全然気づいていなかったのです。そう思って振り返ると、表には出さなかっただけで、夫の胸のうちには、悔しい思いだとか、嫉妬のようなものもあったのかもしれないと、今さらのように思えてきました。これも「成功」に敏感な男と、鈍感な女の捉え方の差かもしれません。

考えてみると、私も一人だったら、漫画家を続けてはいなかったと思います。普通であれば、国立大学を志望するような田舎の女子が、こんな水商売みたいな危なっかしい仕事を生業《なりわい》にしようとは思わないです。初めて夫に会ったときも、「なんでこの人、漫画家なんかになったのだろう」と思いましたから。

なんだかんだいいつつ、互いに仕事が理解できて、どちらかが倒れたら、もう一方が食わせていこう、食わせてもらおう、というふうにも思ってきたので、何とか続いてきたのかもしれません。
嫉妬というべきか、互いを刺激し合う気持ちがエネルギーとなったことは間違いないようです。

男は成功に嫉妬し、女は幸せに嫉妬する。

第4章　嫉妬の炎をスッと消す方法

「容姿」に対する嫉妬の解決法

前章でも述べましたが、美人に対する嫉妬には2種類あります。ひとつは妬ましさが激しい嫌悪感へ移っていってしまうタイプの嫉妬です。その人が、自身の美貌を使って、美人だからこそ受けられる恩恵をとことん受けようという下心が見えてしまった場合のものです。

これは、はっきりいって、妬んだところで自分が振り回されるだけで、なんの得にもならないですし、そうした恩恵は移ろいやすいものなので、気にすることはありません。

滑稽だな、と思うぐらいのゆとりある気持ちをもって静観することに決めればいいのです。そういう美しさは一時的にはもてはやされたとしても、いずれ終わりは来るのです。

むしろ、大事に受け止めなければならないのは、もうひとつのタイプ、憧れを持って抱く嫉妬のほうです。確かに妬ましいのだけれども、そのあまりのカッコよさに「参りました」といわざるを得ない、そんな気持ちに近いものです。

こういう嫉妬は、むしろ自分磨きに大いに利用すべきなのです。「そんなことをいったって、元の造作のできがこうも違ったら、そんなきれいごとではすまないでしょ」と思うかもしれません。

確かに残念ながら、顔については、それこそ整形手術でも受けない限り、いや、受けたとしても、完璧に理想の形に直すことはできません。自分がどうしても望むものをそのまま手に入れるということは、かなり難しいといわざるを得ないのです。しかし、関心をそこに集中させればさせるほど、コンプレックスは強くなるし、嫉妬がどす黒いものになっていってしまいます。それでは、今ある美しさも損なわれていく一方になってしまいます。

じつは、他人はあなたが思っているほど、あなたの美醜に関心がありません。ですから、コンプレックスに囚われて、どんどんネガティブになっていくよりは、まずそこから意識をほかへ持っていけばよいのです。そして「雰囲気づくり」で勝負する。この「雰囲気」や「センス」というものは、本来の造作を補って余りある力があります。逆にいえば、美人でも雰囲気やセンスがダサかったら、まったく話にならないということになります。

顔はともかくスタイルならば、努力である程度どうにかなります。ぽっちゃりが嫌ならば、少し体重を絞ることで、ほっそり、スッキリ見えるようにはなる。

短い脚を長くすることはできませんが、たとえば髪に関していえば、質を変えたり補ったりすることはできますし、色だって今は自由になる。ウィッグだっていっぱいあります。なりたい自分に近づく手段はいくらでもあるわけです。それらを大いに利用すればいいのです。自分を嫌いにならないで、なるべく好きになるような努力をしていくのです。自分が満たされていけばいくほど、他人への嫉妬はカラッと晴れていきます。

一重瞼の目が嫌で嫌で四六時中それを気にしてアイプチをするよりも、耳の形がいいならば髪型を耳が出るスタイルにしてみて、そちらに注意を惹きつけるようにするとか、デコルテがきれいだったら、広めの襟ぐりの洋服を着れば人の目はそこに集まるのです。

女優のりょうさんや富永愛さんも、美人かどうかといえば、意見の分かれるところです。どちらもセクシーな唇をより美しく見せたり、抜群にいいスタイルに目がいくように、全体的な「雰囲気づくり」で勝っている。この「雰囲気」をどう作るかが、嫉妬を克服できるかどうかということでもあるんですね。誰かに好感を持って見られているということが感じられれば自信が生まれる。自信は嫉妬を憧れに変える力があるのです。特に男性はパーツのひとつひとつより全体の印象で、女性を判断します。

これは美容外科のお医者様がおっしゃっていたのですが、人間の見た目などというものは本当にいい加減なもので、女は髪型と洋服で8割決まる、ということです。それに女性は、ある程度の年齢になってくると、もともとの美醜よりも、加齢による変化のほうが問題になってきます。そうなると、結局、大事なのは髪と肌の清潔感ということになってくる。つまり、これさえきちんとしていれば、あとは自分の努力でどうにでも勝負できるということですね。そう思っていれば、小さな嫉妬は消えていくはずです。

「育ち」に対する嫉妬の解消法

身分制度もなくなった現代においては、何をもって「育ち」というのか、はなはだ難しいところです。経済力なのか、社会的地位なのか、家柄なのか。もちろんそういった背景もあるのでしょうが、現代において、やはりもっとも重要視されるべきは、そういった背景による特典が、きちんと身に備わっている人かどうか、そこの部分だと思います。もはや背景だけでいつまでもサバイブしていけるような簡単な世の中ではないということです。

ところが、世の中には、まだこの「背景」こそが「育ちのよさ」を示すと信じて疑わない人たちがいることも事実です。一代で財を築いた成金などは、自分にはないものとしてこの背景を持つ女性を配偶者にしたいと望みます。それだけはどんなにお金を積んでも一朝一夕に得られるものではなく、自分の欠けているものだからです。また、その背景だけで「自分はセレブ」と信じている人たちもいる。確かに「ハコ」は立派ですが、それと「育ちのよさ」が比例するものではないのです。

こうした、まあ多くの庶民からしてみれば異次元の世界にいる人たちは、腹が立ちながらも、どんな生活を送っているのか、その内情に興味の尽きない対象ではあります。よくテレビ番組で「セレブ特集」みたいなものをやったりしますが、私はあそこに、この類の人たちへのもやもやした感情を解決するヒントがあるような気がしてなりません。

最初は珍しいもの見たさで見るあの手の番組も、見ているうちに、あまりの恵まれぶりに、本来だったら当然狂おしいほどの嫉妬が湧き、「もう絶対見てやるものか」となってしまうのが普通です。

ところが、なんだかんだいいつつ、最後まで視聴者を惹き付けて見させてしまう。それは何かといえば、番組のプロデューサーが、このセレブたちを嫉妬の対象にするのではなく、笑いか賞賛かのどちらかに落とし前をつけてつくっているからだと思うのです。

本物の育ちのよさを身につけている人には、私たちは「賞賛」を贈ります。

問題は「雰囲気だけセレブ」なのですが、これに対しては嫉妬など抱かずに笑ってしまえ、ということなのです。パリス・ヒルトンがいい例ですが、彼女のメディアでの扱いは、珍獣なみのことが多いではないですか。つまり「自分は育ちがよいからあなたたちとは違う」と思っている人たちに私たちが接するときには、嫉妬に行かないで、あえて距離をとって笑い物にする道を選べばよいわけです。自分が劣っている立場だと思うから嫉妬が湧くのであって、上から笑ったらいいのです。笑えるポイントは必ずどこかにあるはずですから。

「学歴」に対する嫉妬の解決法

最近の学生さんたちは、「都会に出て一旗揚げてやる」ことに、あまり価値を見出せなくなっていると聞きました。つまり一生を生まれた「地元」で送りたいという人たちが、増えてきたということです。これも、超一流大学出身者しかいい企業には就職できない実情や、たとえ企業に就職したところで、将来の保証が必ずしもないというところに気づいたからかもしれません。

先日、郷里の徳島に帰ったところ、ユニクロも、ロフトも、スターバックスもあって、一見、東京の街となんら変わらない風景が広がっていることに驚きました。これでは、別に無理して東京に行く必要などありません。むしろ、何かにつけて物価が高く、妙に広くて、ある程度の収入がないと暮らせない東京よりも、そこそこの生活レベルでコンパクトに暮らせる地方都市のほうが、ずっと人間の生理に適った暮らしができるのではないかと思います。

最近の若い人たちは、高学歴よりも、何か自分のしたいことを持っている人のほうを羨ましく思っている傾向があるような気がします。そして、実はこちらのほうが学歴云々よりも大切で、かつ難しいことなのです。つまり学歴に嫉妬している間に、自分は本当に何をやりたいのだろう、自分が生涯かけて打ち込みたいものは何だろうということを、今一度考えたほうが、賢明だということです。そして、同じ嫉妬するならば、何かに打ち込んでいる人、自分の道はこれだと見つけられている人を嫉妬したほうがいい。

ところが、これはこれでまた嫉妬の対象であることが多いようです。つまり、22歳ぐらいになっても自分のやりたいことが見つからない、と焦る人が多く、たまたま見つけられていきいきとその道に打ち込んでいる人を見ると、とてつもない焦りと嫉妬の念に駆られるというわけです。

22どころではないかもしれません。30を過ぎても、いや、40を過ぎても、自分の人生が本来の希望とずれて進んでいるのではないかと思う人は大勢いるでしょう。そのときに、これという一筋の道を溌剌と歩いている人がいると、それが羨ましさを通り越して妬ましさになっても、不自然ではありません。

「どうやったら、自分の打ち込むものを見つけられるのですか?」という質問を、一時期よく受けました。「私には好きなことが何もありません」というのです。これ対して、私がアドバイスとして答えていたことは、これです。

「子どもの頃のことを思い出してごらんなさい。小学校のとき、何が一番好きだった?」

するとみんな、「絵を描くのが好きだった」「歌うのが好きだった」「走るのが好きだった」と、どんどん出てくるのです。どんな人にも、必ず小学校時代に好きだったものがある。小学校の頃の自分というのは、まだいろいろな後付けがされる前の姿です。ということは、自分の持って生まれた適性がそこに一番よく現れているんですね。そこから探ってみればいいのです。

つまり、それは親に強制されて選んだものでもなく、見栄で選んだものでもない。まだまだ色気もなくて、男でもない、女でもない。いろいろな社会の影響も受けていない状態です。そのときに好きだったものというのは、その人が持って生まれたものが純粋にそのまま表れているはずなのです。

道に迷ったら、まず一度そこに立ち戻ってみたらいい。自分がひとつ何かを見出せたら、生きがいを持って輝いている人に対する嫉妬もきっと解消できるはずです。

学歴そのものついても、自分の生きる道そのものについても、とにかく一つところに留まって、そこだけの価値観にとらわれていては、嫉妬に飲まれるだけです。周りを逆恨みして自分をどんどんつらくしていくよりは、軸足を一歩外へ踏み出してみることです。道はいくらでもあるのです。

「持ち物」に対する嫉妬の解消法

身近な友人なり誰かが持っているものがすべて気になって、羨ましくなってしまう。「なんであの子ばかりがあれを持てるの？　買えるの？」と焦っては、また、同じものを買おうとする。これを繰り返していると、自分が一体、何を求めているのかがわからなくなってしまいます。第2章でも述べたように、人の持ち物に嫉妬してものがほしいと思うときは、その品物そのものを本当に欲しているのか、それともそれを持ったときの自分を想像して、それに付随してくる「ちやほや」を期待しているのか、それを、静かな心で見極めることです。

もしも後者である場合は、嫉妬の炎というのは、想像していた付属物が手に入るまで燃え続けると思います。そして、それは、そんなにたやすく思い通りには手に入らないし、入ったところで一時的な虚しいものです。

品物には必ず流行がありますから、また新しいものがほしくなる。一度それを持っている自分を「ちやほや」させたら、ずっと「ちやほや」してもらうためには、ずっとニューバージョンを追い求めなくてはならない。これは、非常に精神的にもくたびれることです。そして結局は気づくのです。「ちやほや」されているのは、私自身ではないということを。

女性が自分のライフスタイルを、こういうもので彩りたいという気持ちは大事だと思います。自分のセンスを磨いて、こういうふうなおしゃれをしたい、こういうインテリアの中で暮らしたい。でもそれは、誰かに嫉妬して、その対抗意識で生まれるものではありません。ましてや、ブランド品ばかりを追い求めていたら、いつか限界が来てしまいます。

ものはものだ、ということを改めて肝に銘じましょう。そして、ブランドのマジックにだまされないことです。ブランド品の多くは、原価はそこまで高いとは思えないものです。ノーブランドだったら10分の1の値で買えるものが、そのブランド名がついただけで、10倍の値段で売られる。そのからくりに気づけば、やたらと嫉妬だけで飛びつくこともないでしょう。

自分はどういうライフスタイルで、どういうものに囲まれて暮らしたら幸せなのか。ものは自分を喜ばせるために持つのだということをしっかり覚えていれば、無為な嫉妬に苛まれることもない。まずは自分が何を好きか、を知ることです。

「同じコミュニティの上の人」に対する嫉妬の解消法

自分が狙ったポジションを得るために、実力ではなく、小手先の真似事や、本流以外のところで売り込むなど、いわゆる「汚い」ことをする人たち。それが同じコミュニティに所属していて、そのことにより、あっさりおいしいところを取っていくと、これはもうメラメラと嫉妬の炎が燃え上がってきます。

特に、世間がその「インチキ」を見抜けないところが、また腹立たしい。真面目にやっている自分がバカバカしく思えてきてしまうほどです。

しかしながら、やはり、ほしいものはどんなことをしても必ず手に入れたい。そうした貪欲さが、彼女たちを突き動かしていると思うと、そのエネルギーにだけは敬服せざるを得ないところもあります。

「そんなやり方で手に入れるなんて汚い」「こんなまがいものの手段で認めら

れるなんて許せない」。あなたがそう思うのは正論です。あなたがこれまでにしてきた努力の過程を思えば、そういいたくなるのも無理からぬことです。

けれども、彼女たちはあなたにできないことを、やってのけた。その手口に嫉妬することは簡単だけれども、そこまでアケスケにできるのも案外才能なのかも、と感心してしまうのも手です。「私にはそこまでできないな」と、諦めることにより、心の平安が戻ってくるはずです。悔しがるのは勝手だけれども、あなたは同じことをできないでしょう？　ということです。

「正当ではない」と訴えたり、地団駄踏んだりするだけでは、嫉妬にがんじがらめになって動けなくなってしまいます。そこから抜け出して嫉妬を解消するには、その彼女たちの「正当ではない」器用さや臆面のなさを認めることです。自分にはできないことをやってのけたのだ、そう思うと、それもありだなと、気持ちが静かになってくるのを感じます。

「家族」に対する嫉妬の解消法

人の幸せの形はいろいろですが、それがもっとも実感をもって感じられるのが、「家族」ということについてではないでしょうか。ふたつとして同じ夫婦の組み合わせもなければ、家族のスタイルもない。皆、違って当たり前なので、本来は比較しようがないことなのですが、それでも、どうしても隣のことが気になってしまう。

たとえば、女は「素敵な旦那さん」という言葉に弱く、また嫉妬も覚えるのですが、よく考えてみると、何をもって「素敵」というか、なのです。お金を持っている人を素敵というのか、家事育児に協力的な旦那さんを素敵というのか、はたまた社会的地位のある旦那さんを素敵というのか。人それぞれ合うタイプも異なりますし、価値観も違うので、同じ「素敵」はないはずなのですが、自分の夫に欠けている要素は特に羨ましくなってしまうのです。

たとえば外見的にすごく魅力的な旦那さんを持っている人に対して「うちの亭主は全然魅力がない」といって、嫉妬したりするわけですが、しかし、よく見てみれば、そのイケメンな男の奥さんという人は、夫が魅力的でモテるということで、ものすごく苦労もしているのです。どちらをとるか、どちらが自分に合う幸せなのか、それをきちんと判断しなければなりません。

子どもを授からないということについても、人と比較しないということが、やはり嫉妬から自由になる第一歩ではないでしょうか。昔は5年くらい授からなかったら諦めて、ほかの人生設計に変えて進んでいくことができたのが、不妊治療の研究が進み、また別の可能性が見えてくるような世の中になってきたがために、かえって、なかなか諦めがつかない事態を引き起こしてしまっています。「あと少し」「もう一回」と進むたびに、ダメだったときに受けるダメージもさらに大きくなってしまっています。

これには最近の風潮も大きく影響していると思います。この世の中には、どうしても叶えられないこともあるということを、昔は今より素直に受け止められた。たとえば、どうしても東大に入れなかった。でも、もう自分は18歳に戻って受験することはできない。時間は戻れないのだということを納得して、みんな成長していったのです。ところが、最近は、みんなが万能に幸せになれるような風潮になってきている。それが私たちをより一層、嫉妬させ、苦しませているのです。みんなが持っているものがほしい、みんなが持っているものは、すべて自分も持っていなければいけないのではないか、そんな強迫観念に多かれ少なかれ、いつも煽られているわけです。

これは幻想です。誰かと同じ幸せなど、この世には存在しません。その信念を私たちはきっと、もっと強く持たないといけないんですね。幸せの形は人それぞれ。幸福か不幸かなどということは、ただ一面を捉えて決めつけることなどできないものです。受け取る人によっても変わってきます。この世には望んでも得られないものがあるということを、きちんと受け止めることができれば、家族の問題に限らず、あらゆる嫉妬は解消していくのです。

「恋愛」をめぐる嫉妬の解消法

第2章で、恋愛関係においては、気持ちは本来移ろうものだと知ること、愛し合う関係は保証されるものでも、永遠に続くものでもないということを理解しておくことが大事だといいましたが、それでも、そんな風に簡単に割り切れるものではありません。

彼の心がほかへ移ったと気づいたら、とにかく嫉妬をしてしまう。そして、それを露わにして彼にぶつけてしまいます。だけれども、これもまた悲しいことに、大抵の場合、嫉妬を見せれば見せるほど相手は引きます。これは真理です。まれに、上戸彩ちゃん辺りがよくドラマで演じるようなかわいさやきもちをやいてみて、それで少し男に罪悪感を抱かせたりすると、戻ってきたりする可能性はあります。しかしながら、自分のキャラとして、そんなことはとてもできないという人が、実は一番苦しむのです。プライドの高い女ほど、嫉妬している自分は見せたくないものですから。

では、どうしたらよいかというと、ちょっと、ご主人なり恋人のことばかりを考えたりするのを止めましょう、ということです。嫉妬は膨れ上がれば膨れ上がるほど、突っ走れば突っ走るほど危険度が増します。こういうときには、恋愛をクールダウンするしかないのです。そして、恋愛以外のことに夢中になってみる。そんなことをしていたら、ご主人や恋人は完全に向こうのほうへ行ってしまうと不安になるかもしれませんが、ここがまた男女の不思議なところです。

自分以外のことに女が夢中になっている姿を見ると、彼女が自分から去って行ってしまうのではないかと不安になって、ハッとして追いかけてくるという習性が男にはあるのです。まさに追えば逃げてしまうけれども、逃げれば、また追ってくる。「あなた以外にも楽しいことはあるのよー」ということを匂わすと、男は追いかけてくるものなのです。

そして、「今彼は何をしているのだろう。彼女とどうしているのだろう」と気にするのを止める。これはとても難しいことですが、最初は意識して「1日1時間だけ、彼のことを考えていない時間を作ろう」と決めます。そして次の日は2時間にしてみようとか、徐々に時間を延ばしていって、彼のことを考えない時間をなるべく多く作ってみる。夢中なものを見つけたほうが、逆に男性は戻ってくるものです。

自分にとって嫌な存在である相手の女のことばっかり考えていること自体、もう悪循環に入っているわけです。よくお姑さんのことで悩んでいる人が、しじゅうお姑さんのことをグチっていますが、なぜ嫌な人のことを考え続けるのでしょうか。負の感情のスパイラルにどんどん入り込んでしまうだけです。

だから無理やりスポーツクラブへ行って体を動かすとか、のめり込める映画を観るとか、面白い小説に没頭するのもいいでしょう。何か別のことをやってみるのです。ただし、どれも「ながら」で彼のことを考えていてはダメですよ。その瞬間はそのことだけに夢中になれるものを選んで集中してみてください。

よくあるのが、彼の気持ちが移ったのを、相手の女のせいにするパターンです。これは不思議と女性のほうに多いのですが、女を悪人にすることによって、彼を素敵な人としてとっておきたいんですよね。でも、本当は、そんな女にふらふらするなんて、彼って大したことないのね、と、そちらのほうに持って行けると、またそれはそれでひとつの嫉妬の解消法になります。

こう考えてみると、愛する人に愛されるということは奇跡なんですね。そのことを忘れずにいたほうがいいと思います。続いたら奇跡、ぐらいの気持ちです。究極的に、愛情というものは、受けるものではなくて注ぐものと思っていないとつらいものなのです。入籍したからといって、気持ちの保証ではない。もちろん約束は約束ですから、そう簡単に反故にされていいものではないのですが、しかしながら、それを武器に関係を縛ってしまうことは、かえって相手を遠ざけるだけのような気がします。

とにかく、愛し合えたのは奇跡。そう思って日々愛情を注いでいくしかない。そうやって年月を重ねていれば、恋愛関係とはまた違う信頼関係が生まれてきて、それはそれでいいものになっていくのです。

私はもうこの歳になると、夫にあまり興味もありませんが（笑）、親切にはしてくれるし、昔のことを知っているから思い出話も通じる。私が年をとっていくことも全然気にしていないし、私がいつもきれいでなくてもいい。そう思うと、非常にありがたい存在だなあと思います。そうですね、今は「親切な親戚のおじさん」という感じでしょうか（笑）。
ある時期を乗り越えたら、きっと穏やかないい時期が来るのではないかと思います。

認めない嫉妬は負の雪だるまに

嫉妬をコントロールするには、まず自分の中の嫉妬を認めることが大事です。自分は嫉妬していないとか、ほかのことで嫉妬をごまかしたりすると、いつまでも負の感情から逃れられないからです。

友達から聞いた話ですが、その子の知り合いに、長年不倫していた女性がいたのだそうです。ある日、その女性が相手の男性に電話をして「今日会えない？」と尋ねたところ、「ごめん、ごめん、今日これから結婚式なんだよ」といわれ、「誰の？」と聞くと「俺の」。この女性、10年ぐらい不倫状態で耐えてきたというのに、相手の男は、彼女の知らないところで奥さんと別れて、そればかりか、別の若い女との結婚を決めていたというわけです。

それを聞いた瞬間、彼女はそれまでの熱がさっと冷めて、その男に渡していたものや合鍵など、全部取り返しに行って、写真を全部切り裂いて帰ってきたのだそうです。

当たり前です。ここで気づいてよかったくらいのものです。彼女はそこでけじめをつけて、新たな人生を歩んでいくことに決めたのですが、実は、こういうときに、案外そうできない人もいるのです。

そこまでの事実を突きつけられても、ものわかりよく「ああ、そうなんだ」と、そのまま身を引いてしまったり、「いや、それでもいつか彼は私のもとに返ってくる」と言い聞かせてみたりとか……。なぜなら、そこで泣いたり怒ったりすれば、自分が騙されていたということ、こちらに向いていると信じていた彼の気持ちが、実は自分の思い込みであったことを認めてしまうことになるからです。

彼を失っただけでもショックなのに、信じていた二人の関係が自分の思い込みの上に成り立っていたという事実まで受け止めるということは、確かに厳しい。その厳しさに耐えかねて、つい見て見ぬ振りをしてしまうのですが、しかし、これは非常に危険なことです。カッカと胸の奥底で燃えている嫉妬の炎を、無理やり封じ込めてしまうことになるからです。閉じ込められた嫉妬は、この先ずっと胸の中で燻り続けることになる。それは、そのままでいておくと一生消えることはないばかりか、どんどん増えて、気づかないところで負の雪だるま状態になっていくのです。

「嫉妬なんかしていない」。そういう思い込みや自己暗示で嫉妬をごまかすと、ストレスでどんどん自分を追い詰めていくことになります。悪化する前に、膿は出したほうがいい。嫉妬を認めてジョキジョキやれば、次に進めるようになるのです。

人間には業があり、欲があります。誰にでも、食欲、性欲、名誉欲……さまざまな欲があるのです。これは当たり前のこと。食欲がなければ食べられなくて死んでしまうし、性欲がなければ繁殖もしない。瀬戸内寂聴さんからも教わったのですが、欲を持つのは悪いことではない。人間にとって当たり前のことだけれども、肝心なことは、それをどうコントロールしていくかということだそうです。その方法を見つけて実践していくことが、うまく生きていく方法なのです。

欲があるから嫉妬もします。けれども、それはなくならないし、なくす必要もない。隠す必要も、見て見ぬ振りをする必要もないのです。というよりも、むしろ「自分は今嫉妬している」ということをきちんと正面から認めないと、コントロールできるまでにも至りません。

嫉妬をまず認める。嫉妬とつき合う第一歩はここからです。

嫉妬の消し方——先入観を捨てて近づく

自分の中の嫉妬は認めた。ドロドロどす黒いものが渦巻いている。自分で自分が嫌になる。こんな状態から嫉妬の感情をコントロールしていくには、では一体どうしたらいいのでしょうか。

繰り返しになりますが、嫉妬は自分の心です。相手の気持ちをコントロールしようなどとは思ってはいけません。大体それは不可能です。そうではなくて、自分の気持ち、見方を少しだけ変えてみたらいいのです。

まず、一般的に、嫉妬する気持ちが解消されるときとは、どのようなときでしょうか。

それは、相手が自分よりも上でなくなったときです。つまり、嫉妬の対象が落ちぶれたときに嫉妬心というものは消えるのです。一例を挙げると、相撲の若貴ブーム真っ盛りの頃、当時の若花田関と結婚した花田（旧姓・栗尾）美恵子さんは、各方面から嫉妬、バッシングの嵐を受けました。口をポカンと開けて天然系を装いながら、キャビンアテンダントという立場をしっかり利用して、スポーツ界のヒーローを今が旬というときにものにした、そのことが、多くの人の嫉妬を買ってしまったのです。

その後、子供四人を抱えて離婚し、最近、またタレント活動をされているようですが、しかし、今の彼女を見ても、誰ももう嫉妬はしません。かつての彼女にあったような、人が羨む要素がもう今はないからです。むしろ、シングルマザーで四人の子供を育てている彼女には同情と激励が集まっているように思えます。年月を経たということもあるでしょうが、嫉妬の正体なんて、実はこんなことで消えてしまったりもするものなのです。

私は誰かに嫉妬したときに、その対象の裏側を知ることにしています。どんなにパーフェクトに見える人にだって、悩みや苦しみはある。その裏側を知ることによって、嫉妬はわりとあっさり消えてしまうものなのです。

昔、まだ若い娘時代に、すごい大金持ちと結婚したきれいな人に嫉妬心を持ったことがありました。何もかも手にしていてまぶしくて、悔しかったんですね。けれども、あるとき、彼女の家に招待されて行ったところ、お姑さんに気を遣って苦労している一面が見えてしまったのです。そうしたら、何に嫉妬していたんだろう……という気分になってしまいました。今の今まで私が抱えていた嫉妬の正体って何だったのだろうと。

以来、私は嫉妬しそうな人には、まずその人のことを理解しようというところから始めています。その人の情報のなるべく多くを知ろうと思うわけです。でも、情報を得ようと思ったら、その人物に近づかなければなりません。嫉妬している相手に近づくというのは、これまたなかなか厳しいものがありますよね。そういう相手に対しては、大抵「あの人嫌い」と思って、遠巻きにして終わっていますから。でも、ここで近づかなければ、相手は永遠に自分のイメージの嫌な女で終わってしまいます。それは、イコール私の中の嫉妬が終わらないことになって、自分が苦しむことになってしまうのです。

それでは進歩がないので、とにかく近づいてみる。先入観と固定観念を捨てて、まず嫉妬の対象に近づくのです。そうして、だんだんその人の周辺を知っていくと、この人にもこういう悲しい部分や弱いところがあるんだな、ということがわかる。そうすると、可愛くなってきてしまって、嫉妬も消えていくのです。

また、その逆で、ある程度知ってみると「あ、なんだ、この程度の人だったのか」と思って、がっかりして嫉妬が解消することもある。自分が嫌だと思っていたところも実は勘違いだったということだってある。いずれにしても、遠くから眺めているイメージそのままの人は、まずいないということです。

これを実践していると、大体友達になりますよね。友達になったら横並び。横並びになれば、無駄に競い合う必要も、嫉妬する理由もなくなってきます。だから、私はそんなに仲の悪い人というのがいません。

「あんな女に近づくなんて無理」。そう思って離れたままでいると、嫉妬の渦の中に巻き込まれたままです。思い切って、相手に近づいてみてはどうでしょうか。

嫉妬の消し方――自分の勝てるところを持ってくる

相手に近づくなんて無理、相手を好きになろうとすることも無理、という場合には、相手と勝負するという方法もあります。ただし、嫉妬しているという時点で、何かには負けているわけです。自分にないものを相手が持っているから嫉妬するわけで、そこに勝ち目はありません。

ならば、勝てるところで勝負をしかければよいわけです。うちの夫がそのタイプです。誰かと比較するときに、無理やり自分の勝てるところを持ってくる。

この間も突然「そりゃあ、小泉進次郎には俺は敵わないけど、漫画描かせりゃ、俺は小泉進次郎よりうまいよ」などと、わけのわからないことをいっていました。でも、単純なようですが、これは結構効く方法で、思考がポジティブになっていくのです。実際、夫は人に嫉妬しないんですね。

誰かが少し自慢めいたことをいうと、「いやいや、でも私もこうだから」と、とにかく張り合って、次々と自分の長所を挙げてきたり「私はこれでいいの」と自己肯定する人がいますが、あの方法は悪くはないのです。あの方法で行けば、つまらない嫉妬に苛まれることはありません。第三者から見ると、どっちもどっちですが。

負けているところに神経が集中するから落ち込んで、悔しくて、妬ましくなるわけで、何か勝てるところを見出せばいいのです。プレゼンテーション能力では負けているけれども、人脈の広さなら俺のほうが上だ、でもいいですし、スタイルのよさでは比較にならないほどあの子に劣っているけれども、肌は私のほうが肌理が細かい……でもいい。あの女より私のほうが料理がうまい！でもいいと思います。とにかく、３６０度全方向にパーフェクトな人はいませんから、どんなに才色兼備に見える人にでも弱点はある。それに勝てる自分の長所を見つければ、気持ちとしては大分上がってくるはずです。

そして、勝てるところが見つかったら、そこを自信を持ってアピールすればいいのです。たとえ相手がこちらを嫉妬させようと自慢してきても、素直にそこは褒めてかわして、「私もけっこう肌はキレイなんだよ〜」と付け加えてみればいいのです。一応、相手の長所も褒めているわけですから、向こうだってそれほど悪い気はしないはずです。

そうです。嫉妬に振り回されずに人間関係を円滑に進めるための大事な条件として、真っ向から同じレベルで戦わずに、まず自分を落とす、ということがあります。そのことで、徒に相手の気持ちを硬くしないで済みますし、変な諍いを生まないで、自分もその場を気分よく過ごせます。

これが相手の自慢を聞いて同じレベルで反発しても、険悪になるか、みじめな思いをするだけです。かといって黙って耐えていたら、自分の中にもやもやが溜まって、ドロドロした思いが膨れ上がってきてしまいます。いずれも心身の健康によくありません。

勝てるところを無理やりにでも持ってくる、というのは、勝てる部分が自分にあるのだということを確認して自分も元気になりますし、意外にポジティブな嫉妬解消法なのです。また、自慢する人には、「それって自慢？」と冗談ぽく面と向かって言ってみるのも面白いです。

嫉妬の解消法——エネルギーを生きる力に変換する

ある人をすごく妬ましいと思ったとしたら、その人がやっていることが、今自分がやりたいことなのだ、という話を聞いたことがあります。嫉妬するということは、自分が手に入らないものを相手が持っているということですが、それがその人の職業そのものだったり、生き方そのものだったりすることもあるわけです。

たとえば、決して売れているわけではないけれども、小さな劇団で女優を一所懸命やっている友達がいる。生活は楽ではなさそうなのだけれども、どうしてもどうしても彼女に嫉妬してしまう。そんなときは、あなたのやりたいことが演じるということなのだと思います。その夢をいろいろな言い訳をして自分の中に封じ込めているから、さまざまな困難がありながらも、自分の意志に従って生きている彼女が妬ましく思えてくるのです。

先に話した知り合いの男性編集者にこの話をすると、すかさず「テレビのプロデューサーだな」といいました。編集者としてバリバリ活躍している現在でも、嫉妬を覚えてしまうのだそうです。それは、やはり、その職業をやりたいという思いが、まだ彼の中で消えていないからなのでしょう。

こうした嫉妬というのは、どこかで燃焼しない限り、結局ずっと引きずっていくものです。それに決着をつけるのに、一番いいのは、実際にもう一度トライしてみることかもしれません。

まったく同じ形とはいかないまでも、演じることができる場所を探してトライしてみる。テレビ局に入ることは難しいかもしれないけれども、映像に関係することをやってみる。あるいはプロデューサー業をやってみる。そこで完璧にダメだという答えを突きつけられれば区切りがつけられます。それがない限り、「あのとき決断していれば」という思いがずっとつきまとっていくのです。ただ、そうはいっても、年を重ねて、社会的な立場もできてくれば、実際は踏み切ることも難しくなってきてしまいます。やはり、結局は自分との闘いになってくるんですね。

だから、この上は、なるべく嫉妬の対象を決めずに、そのエネルギーだけを保存して使っていくのです。エネルギーがないと、人間は創作活動もできませんから、エネルギー変換の法則だけを発動させて、何か別のものに持っていけばいいのだと思います。嫉妬を生きていくためのエネルギーに変えるということです。

子育てに打ち込んだ人が、子どもがすべて巣立って空の巣症候群に陥っている。それで、今子どもと蜜月状態にある人がものすごく妬ましいとしたら、そのエネルギーをたとえば犬を飼うことに向けてもいいのです。ボランティアで子育てを手伝うことに向けてもいいかもしれません。

嫉妬は人を動かす原動力にはなります。上手に使えば、何か別の光が見えてくることもあるのです。

最近の若い人の中には、嫉妬する以前に「自分はダメなんだ」と、すべてに無気力で投げやりなタイプが見られます。

誰かを嫉妬できるうちは、まだ立ち直るチャンスがある。

第5章　嫉妬の正体

嫉妬の本質——自分以下じゃないとイヤ

嫉妬というのは、つまるところ自分と誰かを比べて、自分のほうが劣っていると自覚したときに湧き上がってくる感情です。

ＮＨＫ朝の連続テレビ小説の『あまちゃん』の中で、主人公アキの親友である美少女のユイちゃんが、アキから初恋の相手を奪った後でアキに謝りながらも、こう言い訳します。「(アキちゃんが) 自分と同等か、それ以下じゃないと気が済まないのよー！」嫉妬とは、まさにあれです。

自分と同等、もしくは同等以下と思っていた人間が、この自分を差し置いて、得をしてしまったり、幸せになってしまったりしたときに、「うまいことやりやがって……」という気持ちがフツフツと湧き上がってくる。本人に向かって素直に叫んだユイちゃんはむしろエライですが、大抵の人は、そうした気持ちをじっと秘めています。それが「嫉妬」のさまざまな形で表れてくるわけです。

逆に言えば、人はみな、それほど人よりも抜きん出たいものだということなのでしょう。だから必死で自分の弱いところを見せないようにする。精一杯、強がっていいところを見せようとするものなのです。

近頃、かなり広範囲に行きわたってきたブログや、フェイスブック、ツイッターなどのSNS。見ていると、どの人の暮らしも「ハレの日」ばっかり。「ハレの日」なんてまったくないように見えてきます。毎日、子どものためにつくったきれいなお弁当がアップされていたり、今日はどこそこ行きました、今日は誰さんとごはん食べましたなど、ポジティブな話題にきれいな写真ばかりで、これほどみんな幸せに充実した生活を送っているんだと、ビックリです。特にママタレなどのブログを見ていると、旦那さんは家事を手伝ってくれて、子どもはこんなに可愛くて、いかに自分が幸せかということを、これでもかこれでもかと出している。それを疑いなく素直に読んでいると、とりたててこれというできごともなく暮らしている私は不幸なのかしら……と何だか不安に駆られてしまうほどです。

でも、現実的に考えて、これは相当無理しているのではないだろうかと思えて仕方ありません。普通に日々の暮らしを送っていて、ここまでのことがあるわけがない。必死で作り上げているようにしか見えないのです。

最近はこういうものがあるので余計にそうなのでしょうが、昔から特に女性には「幸せへの強迫観念」があります。とにかく週末はおしゃれしてどこかへいかなきゃいけない！　一家団欒でピクニックに行かなきゃいけない！　外から見て幸せに見えるように、みんなに羨ましがられるような生活に仕上げるために、自分の理想に暮らしを当てはめていく。そして、それに協力的でない夫のことをすごく責めたりするのです。それがつらくて、男は若い女に走る――というのは、よくある話です。特に、実はあまり幸せでない人ほど、こうやって形から入る……という傾向もあるような気がします。

嫉妬と自慢は表裏一体

結局のところ、それは自慢です。「人より劣っていたくない」という嫉妬と不安を解消するために自慢するのです。しかしそれが過ぎると、自慢された人から嫉妬を買ってしまう。こうなると嫉妬の連鎖。自慢と嫉妬は常に表裏一体なのです。

自慢が炸裂する場所はいろいろあります。同窓会などは、その最たるものでしょう。はっきりいって同窓会は自慢合戦です。そもそも自慢するものがない人は来ない。来た、という時点で、ある程度人に自慢したい何かがあるということ。それがいい過ぎならば、報告できる材料を持っているということです。そして、相手の仕事の様子、出世ぶり、家庭の幸せ……などなどに対して、やはり嫉妬が蠢《うごめ》くのです。

子どもをめぐる親同士の自慢、嫉妬にも、かなりのものがあります。同窓会なら欠席することで逃れることができますが、職場やPTAのママ友などは、一番逃れられない怖い関係です。それだけに、巻き込まれると深刻だったりするのです。私もPTAの役員などをしたので、そうした場に身をおくことで、あまり愉快でない思いもたくさんしました。

そこでも、子どもの自慢話をする人がいます。大抵どれもつまらない自慢なのですが、聞かざるを得ない。これはもう「修行」と思って流すしかありません。うちの子は高校時代ずっとクラスでビリのほうでした。息子の通っていた学校は大学受験進学校で、親も成績順に座らせるなど、テスト至上主義でした。隣のやはり成績下位の子のお母さんと、お茶でもしようといって、文句をいいながら帰ったこともあります。

役員全員でお茶を飲もうという話になったこともあって、そのときは、私とそのお母さんのほかはクラス上位の子のお母さんという組み合わせ。ここでも自慢話に花が咲きます。それを聞いているのはつらかったですが、やがて自慢話は聞き流すスキルを身につけ、そういうデキる子のお母さんたちが喋る「○○先生の授業がいい」などの情報を仕入れるためだけに参加しました。そんなことに強い嫉妬を感じる自分に嫌悪しながら、そんな場に行く必要はない。無用な嫉妬を避けるには、嫉妬しそうな場所には、わざわざ行かない、ということは大切です。しかし、逃れられない場所に、どうしても行かなくてはならないとしたら、「この人にも、人にいえない悩み、弱みがあって、精一杯、強がっているんだろうなぁ」などと思ってみると、違う方向から見えてくるものがあるかもしれません。

そして、逆に自分を下げてみる。これも、あまりに腹が立つと、できるときとできないときがあるとは思いますが、自虐的に笑いをとってみるのも、一時的に嫉妬の感情をうまくかわす方法のひとつでしょう。

嫉妬、プライド、コンプレックスは、あざなえる縄のごとし

では、なぜ人はそれほどまでに強がるのでしょうか。なぜ、嫉妬の感情をストレートに相手にぶつけることができないのか。それはプライドが邪魔するからです。嫉妬している自分、弱さを抱えている自分を見せたくないというプライドが、より一層、自分を強がらせてしまうのです。

以前、内田裕也さんが客室乗務員の人とつき合っているというニュースが流れたことがありました。確か相手の方は50歳くらいだったと思います。一応、みんなが憧れる「スッチー」です。きっと容姿、知性とも、水準以上の方なの

だと想像できます。その人が70歳を過ぎている、あの内田さんとつき合った。納得がゆかなかった私は、客室乗務員の友達がたくさんいるという友人に、「なんで、スッチーが内田裕也とつき合うのかなあ？」と、思わず尋ねたのです。すると、私の友人は「わかる、ありだよ、内田裕也は」というのです。「だって、有名人だもん。＋αを持っているもん」。そうです。やはり、この＋αが大事なのです。

つまり、女性も40近くになってくると、ただ普通に20代のようなありきたりの結婚をしたのでは、プライドが許さなくなってきます。何かスペシャルな＋αをつけて、周囲をあっといわせないと収まらなくなってくるのです。

おそらく彼女の中には、長らく独身でいたということに対するコンプレックスがある。これまで、20代で結婚した友人に対して、悔しさや屈辱的な思いを味わったりしてきたのかもしれない。さんざん嫉妬も覚えてきたかもしれない。その積もり積もった気持ちを、何とか周囲をあっといわせることで解消したいという思いがあるのですね。それには、普通の結婚ではダメなのです。何か、あっと驚かせるような＋αが必要になってくる。

「で、それが内田裕也なの？」と思わないわけでもないのですが、「有名人」というだけでも彼女のプライドは満たされるのです。「有名人とつき合っている」ということで、もうプライドは保たれて、無駄な嫉妬を覚えずに済む。むしろ周囲を嫉妬させてやろうぐらいの気持ちでしょう。

このプライドと嫉妬というものを、女性は永遠に持ち続けます。そして、その二つとコンプレックスは、もうごちゃごちゃに絡み合っている。コンプレックスが嫉妬の感情を芽生えさせ、嫉妬を乗り越えるため虚勢を張らせ、その虚勢（自慢）がまた、別のコンプレックスのある人の嫉妬を買う。嫉妬したほうもプライドがあるため、嫉妬を露わにできずに苦しむ……。

このように、複雑に絡み合っているために苦しくなるのです。

さらには、プライドがあるから嫉妬を公言できない。それがまた一層、自分の心を苦しめる。ドラマの登場人物のように公言できればまだ健康的だけれども、大概は不完全燃焼のまま、腹の奥底で火種が燻りつづける……ということになるのです。

まさに、嫉妬、プライド、コンプレックスはあざなえる縄のごとし。苦しい原因はここにもあります。

距離のある嫉妬 仲間への嫉妬

嫉妬のパターンには、いくつか種類があると思いますが、大きく分けると次の二つに分かれるのではないかと思います。

すなわち、苦労せずに易々と幸運を手に入れた見知らぬ人と、同じ位置から抜けがけしたみぢかな人。

前者のほうは、たとえば自分からはかけ離れた芸能人の恋愛沙汰などのときに生まれる感情で、嫉妬されるほうにしてみたら赤の他人から身に覚えのないことで嫉妬されるということになるのでしょうが、するほうとしては、それはそれで苦しいというもの。これが高じて集団の力になると、いわゆる「バッシング」などになるわけですね。

振り返ってみれば、いろいろあります。キムタクが工藤静香と結婚を発表したとき。サエコがダルビッシュ投手と電撃結婚したときも、多くの女性の中には「うまいことやりやがって……」という気持ちがフツフツと湧きあがってきたはずです。

これは、こちら側に「キムタクの相手なら、自分ではないまでも、こういう人であってほしい」などという勝手な気持ちがあり、それがみごとに裏切られたことによるショックなのですね。「なぜ工藤静香が……」「サエコが、どうして……」という思いがグルグルと頭の中で回る。

また、この素敵な男たちが、相手の女たちのしたたかさに騙されてしまったような印象を受けるところも、女性には納得がいきません。特に「できちゃった婚」だと罠にはめられた感が増します。女のほうが「してやったり」感に満ちたオーラを発していると、余計に怒りを倍増させられるのです。

こんな女が、カッコよくて、才能があって、お金も将来性もある、そんな男に選ばれた。その納得いかない思いがズーンとお腹の底に響くのです。

私もその昔、藤井フミヤさんが結婚したときは、ものすごくショックを受けたものです。あまりにショックで、半日ぐらい仕事がまるで手につきませんでした。でも、まだ慰められたのは、お相手が郷里の幼馴染みの女性であったということです。これは不思議なファン心理なのですが、この相手が格下のタレントや合コンで出会ったモデルなどではダメなのです。それは許せない。じゃあ一般女性であればいいかというと、ポッと出で最近どこかで出会った……となると、「出し抜かれた」思いが湧きあがってくるので、これもダメ。でも、「昔からのつき合いです」となれば、それは私と出会う前だし、許してやるか、となるのです。ここはビミョーなところなんですね。

つまり、納得すれば嫉妬は起こらないのですが、納得しないところに嫉妬心は芽生える。「うまくやりやがって……」という印象が強ければ強いほど、嫉妬する側は納得しません。やはり、「自分と同等か、それ以下じゃないと」我慢ならないのです。

そんなに自分とかけ離れた人には嫉妬なんかできない……というタイプの人もいるでしょう。そういう人は、おそらく嫉妬がそれほど強い人ではないのだと思います。嫉妬の強い人というのは、すべてのフィールドで嫉妬するのです。すべてのフィールドで一番になりたい。すべてのフィールドでちやほやされたいのです。

以前、私のアシスタントを務めていた20代半ばの女性は、同じフィールドにいる漫画家に対してだけではなく、たとえば広末涼子さんにも嫉妬したりしていました。それも、たとえば歳が近いとかその程度の理由だけで、です。テレビを通して広末涼子さんを見ながら、「私ではなく彼女のほうばかり、ちやほやされてずるい……」となるわけですね。漫画家志望だけに想像力が豊かだということもあったのだと思いますが、さすがに少しあきれてしまいました。こんなふうに嫉妬ばかりしているタイプの人は、おそらく欲張り度がより強いのだと思います。自分が常に世界の中心でいたい、自己中心的人間ともいえます。

先ほど、とりわけ女は欲張りなので、すべてがほしいのだといいましたが、そのすべてが人によって広さだったり、深さだったり、違ってくるのかもしれません。仕事も結婚も子どもも人気も美貌も、すべてのジャンルを手に入れなければ気が済まない松田聖子さんのように握力の強い女もいますが、これだけ、というものを深く追い求めていくタイプもある。

私はどちらかというと後者で、愛情だけに貪欲なタイプです。業が深いのだと思います。これは持って生まれたもので、どうしようもない。業が深いと嫉妬も深くなるんですね。愛が深いから嫉妬も深い。ですから、私は嫉妬の強いタイプだとは思いませんが、深いタイプではあると思います。これもまた、分かれるところなのです。

ですから、嫉妬の強いタイプは、芸能人のような距離の離れた相手に対しても、涙を流さんばかりに妬んだりできる。これはこれでつらいことだと思いますが、本当に苦しいのは、実は同じ仲間だと思っていた人が、あるとき突然自分より「上」に行ってしまった、というときに感じる嫉妬のほうです。

先述した不妊治療をしている仲間の中で、一人だけ妊娠してしまったときもそうです。これは嫉妬するほうも苦しいですが、されるほうも、とてもつらいものだと思います。また、一緒に子どものお受験を頑張ってきて、自分の子どもは落ちたのに、相手の子どもだけ志望どおりの有名中学に入った……などという場合も、どうしたって嫉妬してしまいます。身近な関係であるだけに気まずくもなるでしょうし、「あの人ができて、私がなぜ？」という、取り残された感覚が、より強く圧《の》しかかってきます。自分の努力の外で繰り広げられるこれらのことについては、よりつらさも増してしまうのです。

　自慢されたことに対する嫉妬ならば、相手の弱さも受け止められますから、まだ救いがある。でも、どうしようもない事実のみを突きつけられた場合には、これは、敗北感と悔しさだけが残ります。

　どうして、これほどまでに、世の中は嫉妬のタネだらけなのでしょうか。なぜ、私たちは、嫉妬にがんじがらめにされて抜け出せないのでしょうか。

苦しいのは自分との闘いだから

　では、そこまで苦しい嫉妬ならば、燃え上がらせて、とことん最後まで燃やし尽くしたら解消されるのかといえば、全然苦しさは変わりません。勝つことだけにプライドを賭けても、ひとつ「勝った」と思ったら、また次の嫉妬のタネが見つかる。そうやって追いかけていくうちに、いつの間にか嫉妬をコントロールできなくなって、逆に自分が絡め取られて振り回されてしまうようになるのだと思います。

　嫉妬はすべて自分の心の問題です。思いどおりにならない相手や、理不尽に襲いかかってくる困難な状況のせいだと思っているかもしれませんが、実はすべて自分の問題なのです。だからこそ苦しい。誰のせいでもなくて、誰にも責任をとってもらえないからこそ、こんなに苦しいのだと思います。

　逆に言えば、自分の心ひとつで、抜け出して、幸せを得ることもできる。もちろん嫉妬が一生なくなるということはありませんが、自分がコントロールすることによって、負の力を正にすることができるのです。

それに、年月が解決してくれるということもあります。若い頃から、常に対象を変えながらも何かしら続いてきた嫉妬の気持ちですが、私を含め、女性は50代に差し掛かってくると、これが、かなり抜け出せるようになってくることに気づきました。

だんだん容色も若い頃よりは衰えてきて、家庭も仕事もみな一応落ち着くころになって、その社会的地位の見栄を張りあった夫も、そろそろ定年に差しかかる頃。いちいち比べていた要素が、どんどん少なくなってくるのです。こうなると、また小学校以来の「横並び時代」の再来です。

それまでのことが嘘のように、比べることがどうでもよくなってくるんですよね。それだけでなく、相手もよくやってきているなぁ……という敬意のような共感のようなものが芽生える。

20年来のママ友がいるのですが、うちの別荘やマンションにお招きすると、一瞬引いたような表情になるのです。彼女はサラリーマンの夫を持つ専業主婦なので、彼女の自宅とは違って仕事場も兼ねた我が家の広さや設備に、面白くないものを感じたのでしょう。若い頃なら、わだかまりを残してしまいそうですが、彼女はいつも「頑張ってたもんね、準子ちゃん」。自分に納得させるようにつぶやくのです。

互いの幸せを、そのまま認めて祝福することが、またできるようになってくるんですね。これは不思議です。この先また変化はあるのかもしれませんが、恋愛で争うこともなくなり、夫の職業や社会的地位や名声や、子どもの出来不出来や、そんなこともすべてどうでもよくなる。まあ、孫についてはこれからまた生まれた生まれないに始まって、嫉妬し合うのかもしれませんが、それでも、昔とは様子が大分違ってくるはず。これは、なかなかいいものです。楽しみな年代に入ってきたと思います。

この前、徳島の同級生と東京で会ったら、みないい感じに毒が抜けていて、いいなあと思いました。これまでにはいろいろありましたけれど、今はもうそんなことも懐かしい思い出です。ただ、その中の一人と帰りの地下鉄が一緒になったときに、彼女が一言「わたしは負け犬グループだけどね」といったのには、ちょっと驚きました。彼女はご主人を亡くしてはいるのですが、子ども３人を国立大、一流私大に合格させ、しかもまだ子どもと暮らしている。私から見たら羨ましい限りなのですが、でも、やはり、まだまだ何かが抜けきってないのでしょう。人間って、やはり、そう簡単には割り切れないものなのかな、と思ったりもしました。

それでも、私はこの「横並びの再来」がちょっと楽しみです。自分自身がどんなふうになっていくのか、もう本当に嫉妬はしないのか、観察しながら楽しんでいこうと思っているのです。

同窓会といえば、例の中学・高校とずっと思いを寄せていた彼と再会したのは、40代でした。しかし、再会して「僕のどこが一番好きだったの？」と聞かれた瞬間、一気に目が醒めました。自分でも驚くぐらいに。そのときに、恋愛って幻なんだと痛感しました。あの嫉妬心は何だったんだろうと。私は12歳から40歳くらいまで、何がしかの彼への思いは持ち続けていたのですが、そこで完全に醒めてしまった。あっけなかったですね。
嫉妬は時間が解決するということも、また真理なのでした。

おわりに

さてここから、バカボンのママが、なぜ人々に支持されるのか、人はなぜ、バカボンのママを嫉妬しないかについてお話ししましょう。じつはそこに、「嫉妬」を克服するヒントがあるのです。

夫はバカボンのパパです。いや、確かに面白そうだし、人はよさそうですが、でも、バカボンのパパです。当初は知的でマトモな男性だったらしいのですが、なぜか話す言葉といえば、「コニャニャチハ〜」「これでいいのだ!」の、例の「バカボンのパパ」になってしまったみたいです。ママにプロポーズした時点では、すでにあのキャラクターでした。どう見ても、あのママとつり合いがとれているとはいえない「変人」ぶりです。

そして、息子はバカボンです。確かに次男のハジメちゃんは赤ちゃんながら天才で顔もママ似で可愛い。だけれども、バカボンは、これまたいい子ではあるらしいのだけれども、ルックスもかんばしくなく、パパゆずりのバカです。

こうなると周囲は嫉妬しません。いくらママが容姿端麗で、良妻賢母で、上品であっても、あの夫と子どもがいるということで、ママの幸せは、いわゆる「完璧」ではないのだ、ということで周りは「納得」し、安心するのです。「あ、あんな美人であっても、苦労はあるのね。そうよね、完璧なんてあり得ないわよね」と。

ところが、これが、夫が高学歴で大企業のエリート、息子も優秀で非の打ちどころがない、などとなったら大変です。「どうして、あの人だけ、すべてに恵まれているの？　悔しい」となって、バカボンのママは、たちまち嫉妬の嵐に巻き込まれてしまうでしょう。すべて完璧な人間は、そうでない人間の劣等感を刺激してしまい、それだけで憎まれることになってしまうのです。

考えてみれば理不尽なことです。世の中は、そうそう平等に何もかもが配分されるわけではありません。美人で良妻賢母の奥さんに、エリートで人格者の夫がいて円満な家庭を築いていたとしても、まったくの第三者であるこちらが腹を立てる理由など、本当はないのです。

しかし、そこが人間の弱いところでもあり、面白いところでもあるのですが、私たちは、往々にして不公平感のない幸せなり成功なりを求めてしまいます。あの人だけ持っているのは許せない、あの人だけ幸せなのは許せない、と、何かのきっかけで激しい感情を持ってしまうことがある。そして、その感情に囚われて、自分自身をどうにもコントロールできなくなってしまうことさえあるのです。こうなるとつらい。周りも傷つけてしまいますが、自分自身もどんどん追い詰めてつらくなってしまいます。

でも、実際、幸せなどというものは他人から測れるものではありません。何もかもがそろって幸せそうに見えている人でも、実のところどうかはわからない。人にいえない深い悩みを抱えていることだって大いにあり得ます。

バカボンのママも、実は幸せです。だって、パパはあんなふうだけど優しいし、ママにぞっこんで浮気をするわけでもない。子煩悩でもあるし、形はちょっと変わっているけれども、あれもまたマイホームパパです。ママの賢いところは、「この人と結婚したら絶対幸せ」ただ、それだけの理由で結婚したところなのです。そこに邪念も計算もありません（のように見える）。本当は幸せなのだけれども、周りからは「ああ…あんなパパと結婚して…。悪いけど羨しくはないわね」と、思われる。恵まれた人が嫉妬をかわすには、これが一番理想的なパターンなのですね。本人も、自分が納得した幸せなら、周りの幸せなんて気にならなくなります。このパターンを目指せば、自分も嫉妬しなくてよくなる上に、いわれなき嫉妬に巻き込まれることもない。目指すべきは、このバカボンのママだろうと私は思っているのです。

実は、この〈美人のママにいけていないパパ〉という組み合わせは、万人が大体納得し、拒否感なく受け入れられる組み合わせなのだそうです。これは、漫画家デビュー直後に、私が漫画編集者に教え込まれた鉄則なのです。この時から私は読者の嫉妬について考えるようになりました。これが逆だとダメ。ママがブサイクだと、それはそれで漫画の読者としても見たくなくなってしまうのです。

以前、広告代理店の人に聞いたのですが、CMでも、この法則をうまく使っているのだそうです。ものすごく美人の女優さんに妻を、さえない男に夫を演じさせると、視聴者のウケもいい。洗剤のCMで、モデルの豊田エリーさんとブラザートムさんの夫婦、というのがありましたが、あれも、その雰囲気をうまく演出していました。

けれど、人間は一生、嫉妬とは完全に縁が切れるわけではありません。次から次へと新たな問題も起こってくる。目指すはバカボンのママだけれども、そう簡単に行かないのが現実です。しかし、どんなときも、嫉妬に飲まれないで、コントロールすることを試みる。うまくゆくと、嫉妬は前向きなエネルギーを産み出す原動力ともなるのです。

嫉妬したら、まず嫉妬している自分の醜さを認めること。

される人より、している自分の方が醜いのです。それを認めれば、対象の人に申し訳ない気持ちが湧きませんか?

自分の不完全さ醜さを認められる正直な謙虚さがあれば、人は必ず寄ってきて、アナタは人気者になり、結果、他人に無用な嫉妬の感情を抱かなくなるはずです。

嫉妬から逃げない、目をそらさない。

一度どっぷり漬かってから、気持ちを切り替えることが重要なのです。

本書は書き下ろしです。

柴門ふみ
さいもん・ふみ

お茶の水女子大学卒。1979年漫画家デビュー。若者たちの恋愛をテーマにして『東京ラブストーリー』『あすなろ白書』『同窓生——人は、三度、恋をする』など多くの作品を発表している。またエッセイ集として『恋愛論』『青春とはなんだかんだ』などがある。ペンネームは中学時代からファンであったポール・サイモンに由来している。

ポプラ新書
002
バカボンのママはなぜ美人なのか
嫉妬の正体

2013年9月18日 第1刷発行

著者
柴門ふみ
発行者
坂井宏先
編集
佐藤正海
発行所
株式会社 ポプラ社
〒160-8565 東京都新宿区大京町22-1
電話 03-3357-2212(営業) 03-3357-2305(編集) 0120-666-553(お客様相談室)
FAX 03-3359-2359(ご注文)
振替 00140-3-149271
一般書編集局ホームページ http://www.poplarbeech.com/
ブックデザイン
鈴木成一デザイン室
印刷・製本
図書印刷株式会社

N.D.C.914/191P/18cm ISBN978-4-591-13631-7

生きるとは共に未来を語ること　共に希望を語ること

昭和二十二年、ポプラ社は、戦後の荒廃した東京の焼け跡を目のあたりにし、次の世代の日本を創るべき子どもたちが、ポプラ（白楊）の樹のように、まっすぐにすくすくと成長することを願って、児童図書専門出版社として創業いたしました。

創業以来、すでに六十六年の歳月が経ち、何人たりとも予測できない不透明な世界が出現してしまいました。

この未曾有の混迷と閉塞感におおいつくされた日本の現状を鑑みるにつけ、私どもは出版人としていかなる国家像、いかなる日本人像、そしてグローバル化しボーダレス化した世界的状況の裡で、いかなる人類像を創造しなければならないかという、大命題に応えるべく、強靭な志をもち、共に未来を語り共に希望を語りあえる状況を創ることこそ、私どもに課せられた最大の使命だと考えます。

ポプラ社は創業の原点にもどり、人々がすこやかにすくすくと、生きる喜びを感じられる世界を実現させることに希いと祈りをこめて、ここにポプラ新書を創刊するものです。

未来への挑戦！

平成二十五年　九月吉日　　株式会社ポプラ社 代表取締役社長　坂井宏先